健康ライブラリー
スペシャル

発達障害の子の脳を育てる運動遊び

〔柳沢運動プログラムを活用して〕

柳澤弘樹【監修】
発達障害児支援室こどもプラス代表

講談社

まえがき

発達障害の子は、脳機能にかたよりを持って生まれてきます。脳は非常に柔軟な器官です。初めはできなかったことも、くり返し経験すれば、脳が学習してできるようになります。特に、子どもの脳はたくさんのことを吸収しやすくなっています。つまり、生まれつき脳の発達に凸凹があっても、訓練次第で「障害」を感じにくくなり、生きにくさを軽減することができるのです。

近年、心や脳との関係が注目されているのが運動です。実験では、運動がうつ病や認知症、発達障害を改善させることが証明されました。ただし、子どもの場合は、単純に運動させるだけでは脳機能が改善しないこともわかっています。

じつは、子どもの脳を育てるには、運動に「楽しさ」と「やる気」が不可欠なのです。大人でも嫌なことを無理強いされると、やる気が出ませんし、すぐにやめてしまいますよね。子どもの場合はなおさらです。子どもにやる気を出させるには、「楽しい」と思わせることがいちばん。「楽しいからまたやりたい」「うまくなりたい」と、次々に意欲がわいてくるでしょう。

そこで私は、父である柳澤秋孝がつくった「柳沢運動プログラム」に脳科学の理論をプラスして、発達障害の子でも楽しんでできる「柳沢運動遊び・療育プログラム」を開発しました。実際に、発達障害の子ども達に実施してもらったところ、ほとんどの子に集中力がつき、落ち着きが出てきたのです。脳の活動を調べてみると、感情や意思決定などと関係の深い「前頭前野」が活性化することがわかりました。また、運動で体力や筋力が向上し、できることが少しずつ増えて、日常生活でも自信を持てるようになってきました。

本書では、私が開発したプログラムを紹介しています。もとは保育・教育現場向けにつくったものでしたが、今回は自宅でおこないやすい運動を多く選びました。一緒に遊びながら、子どもの脳を育ててあげましょう。トレーニングとしてではなく、遊びとして実践してください。この本が保護者の方々と子ども達に、少しでも役立つことを願っています。

発達障害児支援室こどもプラス代表
柳澤弘樹

ぴょん
ピタ

2 どれで遊ぶ？今日から始めよう

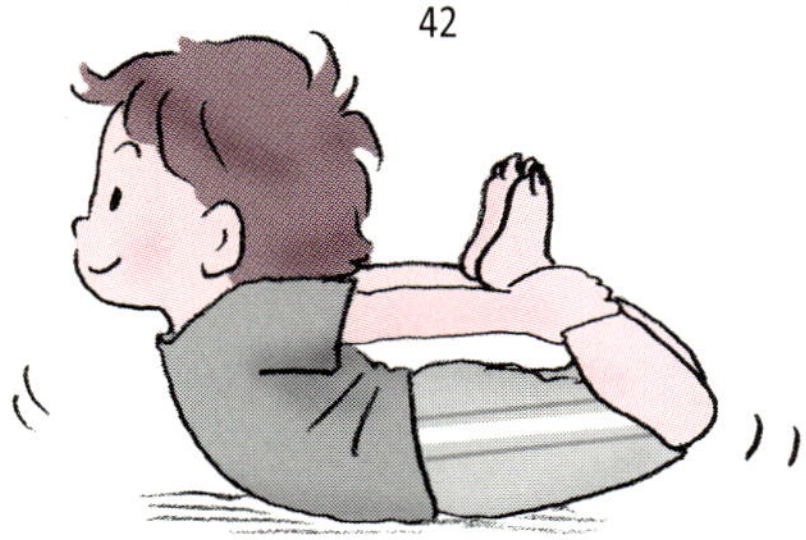

子どもに合った運動遊びのやり方 チェック

運動遊びを始めるには、子どもに合ったアプローチのしかたがあります。

まずは子どものふだんの様子や今までの経験から、やり方を考えてみましょう。

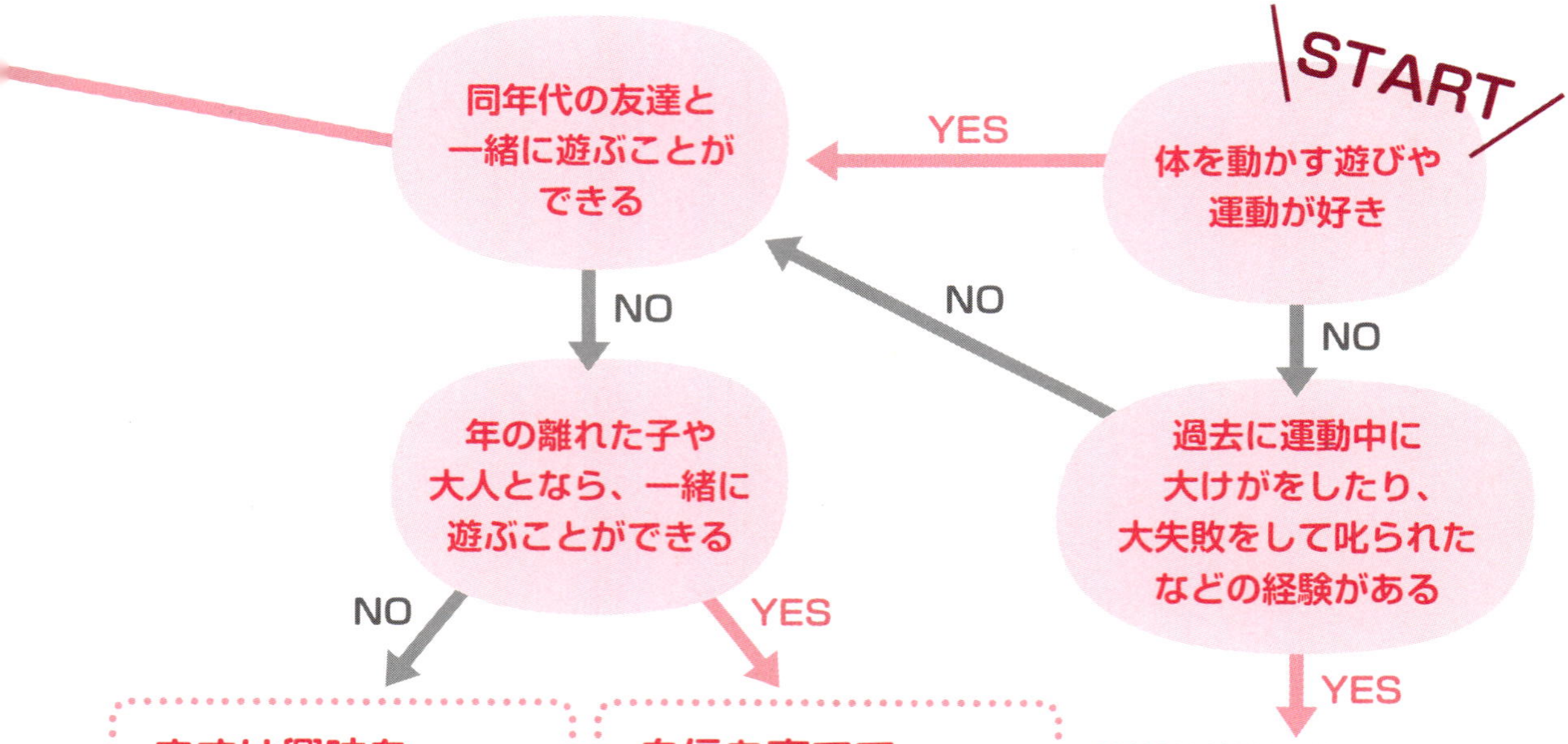

まずは興味を持たせてから自信を育てる

自分の世界に閉じこもりがちで、あまり外の世界に関心がないようです。

雰囲気を盛り上げたり、好きなおもちゃや音楽などできっかけをつくり、遊びに興味を持たせましょう。

自信を育てて一緒に遊ぶ楽しさを体験する

同年代の子との運動中に「悔しさ」や「劣等感」を感じる経験があった可能性があります。

まずは大人が「一緒に」遊び、運動の楽しさを伝えましょう。

運動を好きになる「好き好き回路」をつくろう

体を動かすことに対する苦手意識ができているかもしれません。

「運動は楽しい」と思える体験をさせて、苦手意識を減らしましょう。

YES

大人の指示どおりに体を動かすことができる

YES

少しくらい嫌なことがあっても、キレたりせずがまんできる

YES

この調子で２～３章の好きな運動遊びをしよう

脳も体も順調に発達していると考えられます。２～３章の運動遊びをおこない、発達を促進させるとよいでしょう。

NO

脳の成長をうながす運動遊びをしよう

まだ脳が十分に成長していないようです。P８で特性をチェックし、子どもに合った運動遊びで脳を育てましょう。

NO

「おいで」や「○○ちょうだい」などの言葉を理解することができる

NO

YES

やる気はあるので、まずは動ける体づくりを

体を動かすための回路や全身の筋力が未熟なため、うまく体が動かせない状態です。
まず、基礎的な力をつけましょう。
気になる特性があるなら、P８もご覧ください。

特性から運動遊びを選ぼう

ふだんの生活で気になっていることで、あてはまるものすべてにチェックしてください。子どもの特性に合ったおすすめの運動遊びを２章と３章からあげてみました。

- □ **背すじを伸ばして５分以上座れない**
  → P69 の運動遊びがおすすめ
- □ **思いどおりにならないことがあるとすぐ手が出てしまう**
  →運動遊び①（P32 ～ 33）や P67の運動遊びがおすすめ
- □ **大人の指示どおりの行動ができない**
  → P81 の運動遊びがおすすめ
- □ **その場に合った発言や感情表現ができない**
  → P79 の運動遊びがおすすめ
- □ **人の話をじっと聞くことができず、すぐ動き回ってしまう**
  →運動遊び⑤（P48 ～ 53）や P69、P71の運動遊びがおすすめ
- □ **特定の音や色のほか、人に触られるのが苦手**
  →運動遊び④（P42 ～ 47）や P75 の運動遊びがおすすめ
- □ **箸《はし》や鉛筆をうまく持てない**
  →運動遊び⑥（P54 ～ 57）や P77 の運動遊びがおすすめ
- □ **よく物にぶつかったり転んだりする**
  →運動遊び③～⑥（P36 ～ 57）のぶら下がる運動遊びや P83 の運動遊びを
- □ **偏食など、なにかしらこだわりが強い**
  → P73 の運動遊びがおすすめ

1章 発達のかたよりが劇的に改善する

「落ち着きがない」「姿勢が悪い」――子どもの発達段階においては、

ときとして大人の目からは心配なこともあります。

発達の気になる子でも、

運動遊びで改善する可能性は十分にあります。

子どもが変わった
——親や保育者の声

本書で紹介する運動遊びをした子ども達の保護者から、子どもの成長や変化に驚き、喜ぶ声が寄せられています。その一部を紹介します。

運動遊びで
うちの子、こんなに
変わりました

体の使い方がうまくなり、けがも減った
（6歳・男の子）

いつも活発に動き回っていたものの、うまく体を動かせないのか、頻繁に転んでけがをしていました。今ではほとんど転ばなくなったし、転んでも手がつけるようになり、けがも少なくなりました。

コミュニケーションがとれるようになった
（3歳・男の子）

言葉や物に対する認知力が上がり、大人のいっていることがわかるようになりました。それだけでなく、自分の意思を伝えられるようになったので、コミュニケーションがスムーズになりました。

スケジュールを理解できることが増えた
（13歳・男の子）

反射的に動いてしまうことが多い子でしたが、今では写真つきのスケジュール表を見て、次に何をすればよいか理解し、準備できるようになりました。

自信がついて運動が好きになった（8歳・男の子）

もともと運動が嫌いだったのですが、少しずつできることが増えて、自分から運動をするようになりました。学校でもリレーの選手に選ばれ、自信がついたようです。

習慣的な運動遊びで子ども達が成長した

本書のプログラムは脳科学の知見や理論にもとづき、子どもの脳を運動で育てる療育です。発達障害の子だけでなく、定型発達の子にも効果が見られ、全国の保育・教育現場で取り入れられています。

効果の表れ方は、運動の頻度や継続期間などで個人差がありますが、定期的に運動をおこなった子のほとんどに変化が表れました。

親や保育者が気になっていた点や困っていたことも、徐々に改善されています。

表情が穏やかになり、落ち着きが出てきた
(13歳・男の子)

いつもイライラして、ゆっくり、丁寧に動くことができませんでした。運動遊びをしたあとは、気分が落ち着くのか余裕のある表情で、座って勉強できることが増えました。

一緒に踊れるようになった
(6歳・女の子)

親にあまり興味がなく、指をさした方向を見たりしないし、名前を呼んでも振り返らない子でしたが、今では体力や集中力もつき、テレビを見ながら一緒に踊ってくれます。

体の芯がしっかりしてきた
(6歳・男の子)

運動を始める前よりも体幹がしっかりしてきました。まだ支えが必要ですが、いろいろなポーズをできるようになり、体を動かすのが楽しいようです。

やることが決まっているから安心できる
(12歳・男の子)

運動そのものは毎回違いますが、必ず同じスケジュールで運動や遊びをおこなうため、安心でき、落ち着いて体を動かすことができるようです。

同級生の輪に入れるようになった
(7歳・男の子)

いつも怒ってばかりで、仲間に入れませんでしたが、今はたまに学校でお友達と一緒に遊んでいるようです。家でも「○○くんは優しい」など、お友達の様子を話してくれるようになりました。

自転車に乗れるようになった
(6歳・男の子)

ボディ・イメージが未熟で、思いどおりに体を動かせず、三輪車にも乗れませんでした。今では三輪車はもちろん、自転車に乗ってすいすい移動できるようになりました。

笑顔が増えて目も合いやすくなった
(6歳・男の子)

あまり笑わず、目を合わせようとしても逸《そ》らすことが多かったのですが、最近では笑顔が増え、目も合うようになりました。食欲も旺盛《おうせい》になり、体つきもしっかりしてきました。

発達が気になる子、発達障害の子に向く理由

療育プログラムをおこなった子どもたちによい変化が多く出ています。調べてみると、脳が成長し、落ち着きや集中力が身についてきました。

柳沢運動プログラムとは

「柳沢運動プログラム」は、約 40 年前に長野県で始まり、全国の幼稚園や小学校などで実施されています。逆上がりや縄跳びなどの技を習得することが最終目標です。運動をとおして、やる気と自信を育てることが基本のポリシーです。

開発

一般の園児向けに「柳沢運動プログラム」がつくられる

発達の度合いにかかわらず、幼児期の子ども全員に向けたプログラムです。幼児期の全身運動をとおして基本的な筋力や社会性など、心身の発達をうながします。

現場の声

発達障害のある子を受け持つ「加配」*の先生から、運動をするうちに子どもが変わったという報告が出てきました。

集団生活ができるようになった

気持ちが安定してきた

加配の先生が外れやすい

発展

発達の気になる子ども向けの柳沢運動遊び・療育プログラムに

柳沢運動プログラムに脳科学の理論をもとにアレンジを加え、発達障害のある子達に特化した療育プログラムにしました。発達障害のある子ども達が自信を持ち、１つでも多くのことができるようになることを目標にしています。

基本の理念

- やる気と自信をめばえさせる
- 自分で考えて行動する力をつける（→ P90）
- 楽しく運動させる

＊　発達障害児への対応や習熟度別指導などのために、定数に上乗せして配置される教員。

柳沢運動遊び・療育プログラムの特徴

脳科学の理論にもとづいてつくられた療育プログラムには、３つの特徴があります。脳全体を活性化させることで、心身の成長をうながします。

「動」と「静」のセットでメリハリを意識している

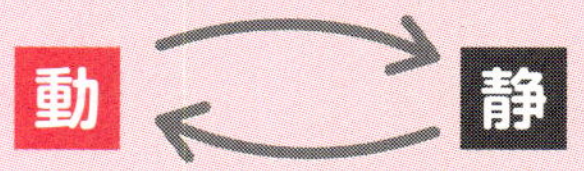
動
静

にぎやかに動く活動（興奮）と静かな活動（抑制）を交互におこなうことで、気持ちをコントロールする力が育ちやすくなります。

数分ごとに遊びを変えて脳を刺激している

脳のさまざまな力を切り替えながらおこなうことで、楽しく能力を育てることができます。また、子どもも飽きずに続けられるため、集中力（→ P16）も鍛えられます。

ストーリーやイメージと運動がセットになっている

ハイハイするだけでも「犬さんみたいに歩こう」など、イメージさせて体を動かすことで、想像力を鍛えています。

クマさんが脚をけがしちゃったよ、脚を上げて歩いてみようね
うん

単純に「脚を上げよう」ではなく「けがをした」とイメージさせることで、子どもの想像力が働く

現場の声から効果がわかってきた

柳沢運動プログラムは「すべての子どもを運動好きにする」ことを目標に、つくられました。プログラムをスタートした多くの現場からは、運動が習慣化するにしたがって「子どもの情緒が安定してきた」「加配が外れやすくなった」など、定型発達の子だけでなく、発達の気になる子への効果も多数報告されました。

脳の活動状態を検証すると、前頭前野の活動が高まっていることが明らかにされています。

今では研究が進み、発達障害の子ども用にアレンジした柳沢運動遊び・療育プログラムが、療育の現場にも取り入れられています。

動と静のメリハリで集中を持続させる

柳沢運動遊び・療育プログラムは動と静を交互におこなうことが大きな特徴です。どんどん切り替え、子どもの集中をそらせません。

体の動きは脳が指令を出している

脳と体は相互関係にあります。脳が疲れているときは、体を動かすと脳もリフレッシュさせることができます。

動 活発に体を動かす

興奮している

楽しく体を動かして興奮できる遊びが「動」

静 静かな活動に取り組む

がまんしている

急に動きを止めるなど集中が必要な運動や活動が「静」

脳はがまんすることが苦手

ある実験によると、抑制力（がまんする力）は成長にしたがって大きくなることが明らかになりました。抑制力は最後に身につく理性的な力のため、本能的な行動を抑えるには大きなエネルギーが必要です。

「動」と「静」の組み合わせで脳と体が成長する

人は年齢や障害の有無に関係なく、なにかを「おこなう」ことよりも「ブレーキをかける」ことが苦手です。活動や動きを止めるときには、おこなうときよりも強い力が必要だからです。

私たちの脳は体と連動しています。体が疲労すると倦怠感《けんたいかん》を覚えるのもそのためです。つまり、体を動かすと脳が活性化し、集中するために必要な脳の領域が元気になります。

「動」と「静」の活動を交互にくり返すことにより、興奮を瞬時に抑制する力が高まります。動と静のメリハリで、より強い抑制力を育てるため、結果的に集中する力が身につきやすくなるのです。

メリハリで頭の中が整理される

興奮をアクセル、抑制をブレーキ、自動車を体だと考えてみましょう。発達障害のある子は、アクセルを微調整することが苦手で、一気に踏み込んでしまうことが多いのです。まずはアクセルとブレーキを交互に使う練習をしましょう。

運動前の脳の中

入ってくる情報や感情を処理しきれず、暴走しているような状態。一度アクセルが全開になると、車体をぶつけるなどしなければ止まれない。

くり返しおこなうことで気持ちをコントロールする力がつく

体を動かして脳の活動を高める

運動をすることで脳全体の活動を高め、抑圧されていた部分を解放する。

こまめに切り替える

動きを抑制してがまんさせる

頭の中の信号を守る練習をする。指示はシンプルにしよう。

静かな活動中

徐行しているので、信号（指示）が目に入りやすく、ブレーキもよく利くため減速や停止がしやすい。

活発な活動中

シンプルなルールを提示して、そのなかで体を活発に動かす。

興奮しやすい子でも集中が得意な子になれる

いつも興奮しやすくて落ち着きがない、集中できない子がいます。しかし、そんな子でも、落ち着きや集中力が高まる可能性を持っています。

集中力は３つの方向から考える

集中力は大きく３つの力にわけられます。

「ながら」読書ができるのは、意識を分散させて、複数のことに集中しているから

集中力
社会生活で必要な脳の機能

意識を持続させる力

１つのことに意識を向ける力

周囲の雑音などをシャットアウトして、目の前のことだけに意識を向ける力。

効率よく物事を進められる

同時に２つ以上の物事を並行して考える力。料理や育児など、特に日常生活で使うことが多い。

複数のことに意識を分散させる力

状況に合わせて意識を変えられる

目の前の物事に対して、臨機《りんき》応変《おうへん》に対応する力。適応力の基礎となる。

その場に応じて意識を切り替える力

成長する順番

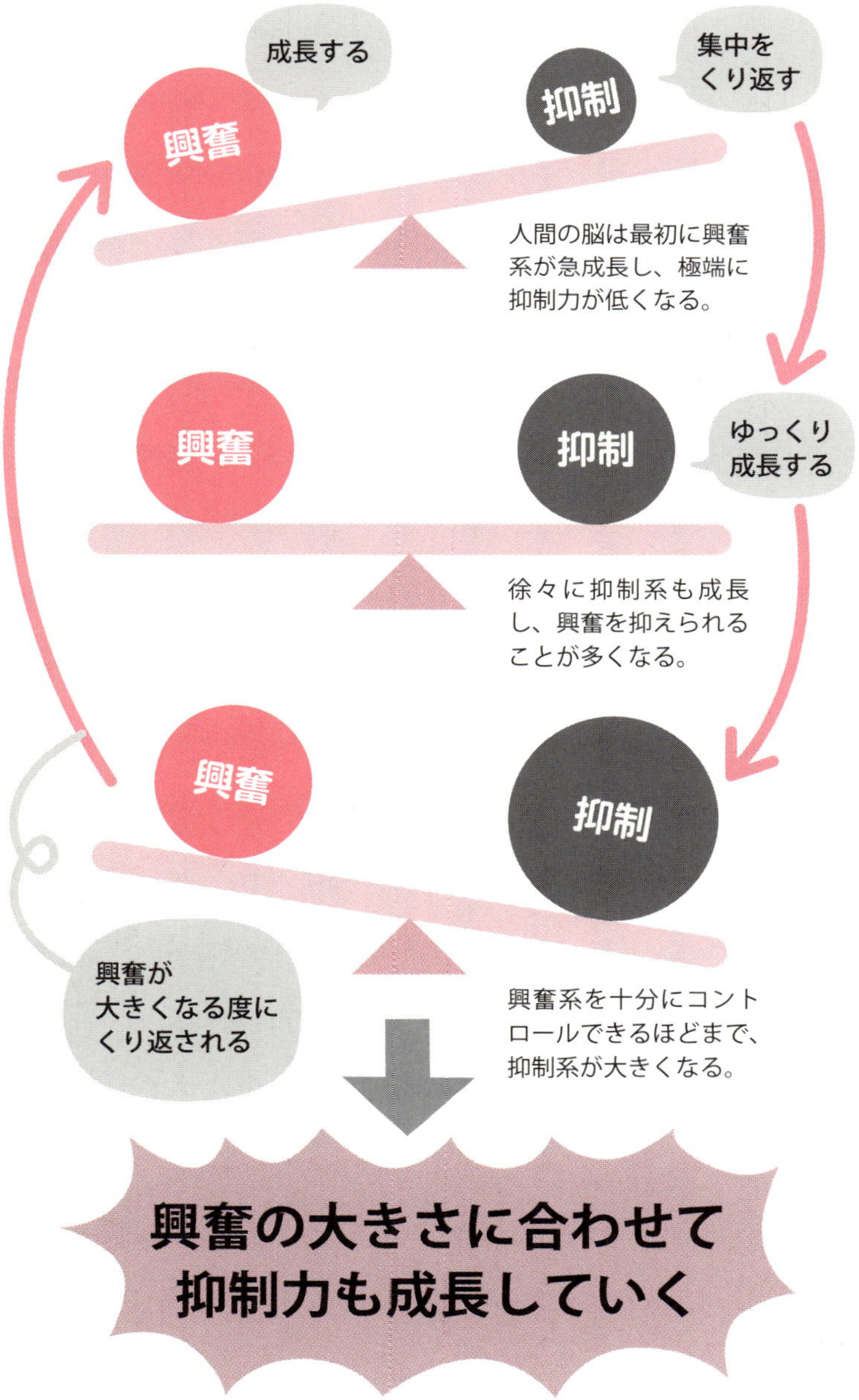
成長する
興奮
抑制
集中をくり返す
人間の脳は最初に興奮系が急成長し、極端に抑制力が低くなる。
興奮
抑制
ゆっくり成長する
徐々に抑制系も成長し、興奮を抑えられることが多くなる。
興奮
抑制
興奮が大きくなる度にくり返される
興奮系を十分にコントロールできるほどまで、抑制系が大きくなる。
興奮の大きさに合わせて抑制力も成長していく

集中のくり返しで興奮を抑える力がつく

脳の発達は、興奮系が先に成長し、その成長に見合った抑制力があとから育つ、「興奮系優位」の状態で進みます。小さな子ががまんできず、すぐ泣くのはそのため。発達段階に応じて、興奮に見合った適切な抑制力が身についていきます。

集中力がつけば抑制力が育ってくる

集中力は「持続させる力」「分散させる力」「切り替える力」にわけられます。好きなものに夢中になるのも集中力のひとつ。集中をくり返していくと、興奮を抑制する力が身についてきます。

人間の脳は、興奮系から成長していくため、小さな子は抑制力が弱く、集中することが苦手です。しかし、興奮系が強くても、訓練をくり返すことで、それを抑える力も強くなります。

つまり、興奮しやすい子ほど、成長するにしたがってがまんが得意な子になるのです。

大人も本気で遊ぶから、やる気が起きる

どんなことでも、大人が無理強いすれば、子どもは嫌がってやりたがりません。反対に大人が楽しそうなら、子どもは興味を持ちます。

子どもと一緒に楽しむ5つのコツ

大人も子どもも全力で体を動かして本気で遊ぶと、楽しくて笑顔になります。

1 大人が楽しそうに運動している様子を見せる。「一緒にやろう」と声をかける

2 乗り気でなければ、お気に入りのおもちゃなどで気を引くのもおすすめ

○○ちゃんもママと一緒に××しようよ～楽しいよ～
コツ1
大人が楽しむ
コツ2
好きな物を使う
コツ3
無理強いしない

子どもが興味を持って大人を見ているときに声をかける

どうしてもやりたがらないときは？

友達などを誘って複数人でやってみる

すでに、やってみてできなかった経験や苦手意識があると、やりたがらないこともあります。そんなときは、何人かの友達と一緒におこなうと、全体的な流れができるため、意外とスムーズに参加しやすくなります。

子どもが喜ぶほめ方

1 すぐその場で
2 目を合わせて
3 大げさなくらいに

コツ4
ほめる

すごいすごい！
上手にできたね
一緒にできて
うれしいよ
ほめられた……。
これがいいこと
なんだ

3 一緒に運動遊びを始められたら、少し大げさにほめる。できていなくても叱らず、「やっている」ことをほめる

コツ5
大人にとっての利点を見つける

「子どもにやらせるために実践する」だけでは、大人は心から楽しめません。子どもの成長を実感した、ストレスが発散できたなど、大人にとっての運動遊びの利点も見つけましょう。

楽しい記憶が好き好き回路をつくる

やる気を生み出すのは「楽しい」思い出です。楽しいからまたやりたい、という思いがよい循環をつくり、「好き好き回路」ができます。

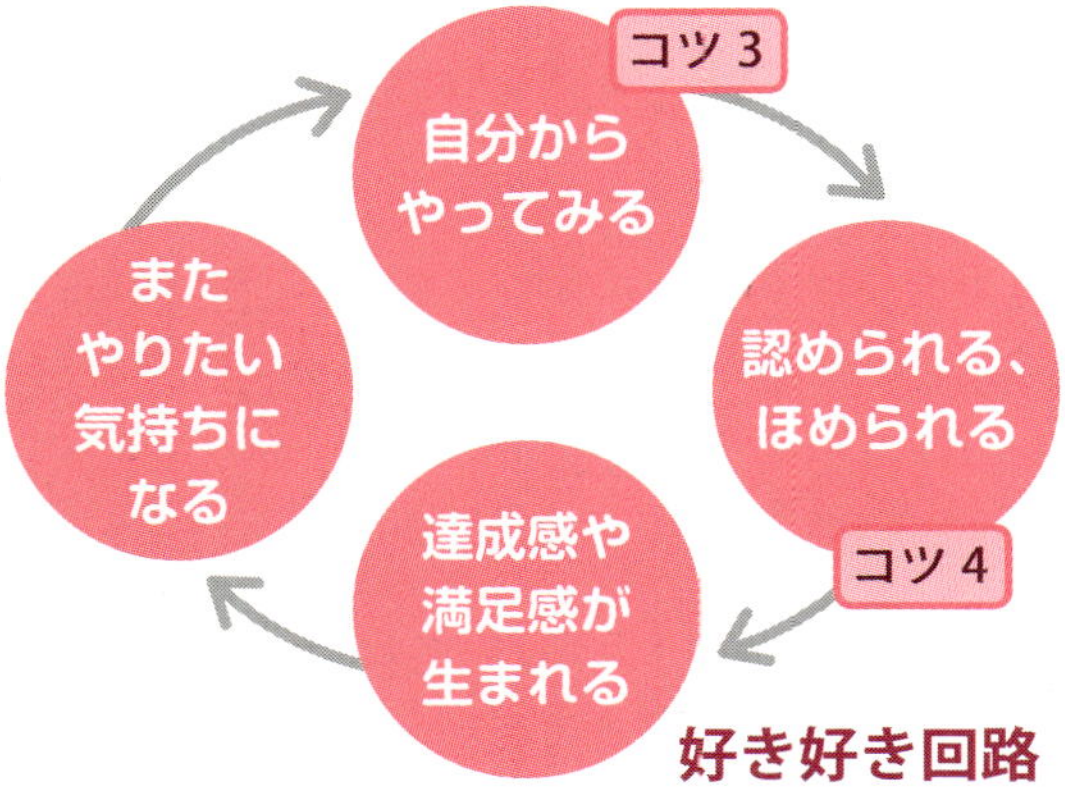
コツ3
自分から
やってみる
認められる、
ほめられる
コツ4
達成感や
満足感が
生まれる
また
やりたい
気持ちに
なる

好き好き回路

イヤイヤ回路

なにかを無理強いしたり、がんばったことをほめずに叱ってばかりいると、嫌な思い出が積み重なり、「嫌な思いをしたくないからやりたくない」という悪循環が生まれる。

やる気の源は「楽しさ」にあり

子どもに運動遊びをさせたいなら、「やらせる」のではなく、「一緒に楽しく遊ぶ」ことが基本です。大人も子どもも楽しいと思える体験が、やる気のベースになります。

私たちはほめられたときや、なにかを達成したときに「楽しい」と感じます。つまり、一緒に遊べたときには、ほめてあげることが最大のごほうび。ほめられた自信は次のやる気につながります。

子どものペースや個性を認めてあげる

ほめるだけ、叱るだけの極端な育児はよくありません。まずは子どもの個性を認めたうえで、ほめると叱るのバランスを大切にしましょう。

ありのままを認めてあげる

育児書に照らして、年齢に応じた発達をしていないと、親は不安になりがち。でも、「うちの子は発達障害だからできない」と諦めてはいけません。発達のスピードにも個性があり、ゆっくりでも確実に成長します。

こうかな、
こうかな。
くっつける……
○
すごい！　この前よりも
両脚がそろっているね
（具体的にほめることが大切）
×
この前もいったのに、
また脚がそろっていない！
ちゃんとやりなさいよ !!

子どもが自分なりに考えて努力したことを、見逃さないようにする

目標によって評価は変わる

目標が「完璧におこなうこと」か「参加すること」かによって、同じ結果でもほめるか叱るかが異なります。

○ **参加してもらうことが目標**
- ➡ がんばっている様子に目がいく
- ➡ 自己肯定感や達成感につながる

× **上手におこなわせることが目標**
- ➡ 結果だけに目がいきがち
- ➡ 劣等感や挫《ざ》折《せつ》感を感じさせやすい

認めていれば、ほめても叱ってもかまわない

育児では「ほめる」と「叱る」、どちらもあってしかるべきです。なにより重要なのは、その子のペースや個性を「認める」こと。「君は君でいいんだよ」「君のペー

子どものペースを守ってあげる

発達に合っていないことをやらせようとしても、子どもはできません。「よそはよそ、うちはうち」の気持ちで見守りましょう。

イヤイヤ回路と好き好き回路のわかれ目は？

縄を見て
縄を跳んで
両脚はそろえて
タイミングを合わせる

一度にたくさんのことを処理できるほど、まだ脳が発達していない

ほかの子と同じようにやらせようとすると……？

できないから、するのが嫌になる

イヤイヤ回路ができてしまい、やりたくなくなる。無理やりやらせると、さらに嫌いになる。

ほんの少しだけ手助けしてあげる

〝それっ〟ていったら跳んでね
うん

シンプルな指示を出してあげると、頭の中が整理され、「なにをすればよいか」がわかる。

できたことが自信になり好きになる

1、2のそれっ
今だっ！
ぴょん
ピタ

子どもが跳べるタイミングで縄を回し、掛け声をかける。成功体験をくり返すと、タイミングを合わせる力がつく

スでしっかり育っていこうね」という気持ちでいれば、ほかの子と比べる必要もありません。ありのままのその子を見守り、できたことをうんとほめてあげましょう。ほめられた経験は満足感や達成感につながり、叱られても劣等感や挫折感を味わいにくくなります。

とはいえ、失敗続きではやる気もしぼんでしまいます。ときには、成功を導くような工夫をしてあげるとよいでしょう。

身につく

運動で育てる三つの身体的な力

運動遊びをとおして心身は成長します。心の成長に比べて、わかりやすいのが身体的な成長です。主に三つの力が身につきます。

脳の発達を身体面からアプローチする

発達障害がある子どもには、体を思いどおりに動かすことが苦手な傾向があります。これは、運動をするための情報を脳で処理したり、それを正確に筋肉へ伝えることができないからです。

ただ、発達の遅れが気になる子も、運動遊びを習慣的におこなうことによって動きに正確性が出てきますし、脳の発達を促進する効果が期待できます。

特に身につけたいのが「ジャンプ力」「支える力」「ぶら下がる力」です。すべての運動の基礎になるため、小学生になってからは「跳び箱が跳べた」「逆上がりができた」といった成功体験を生み、自信ややる気のもとになります。

発達障害に表れやすい身体的な特性

- 思いどおりに手足が動かない
- 動きがぎこちない
- けがが多い
- 転びやすい
- 運動のタイミングが合わない
- 姿勢が保てない
- 自分の体の位置がわからない
- 物にぶつかりやすい

↓ 改善する

1. 上半身と下半身の動きを連動させる
2. 体のバランスをとる
3. 物の位置を正しく認識する
4. 動きを止める

運動で身につける3つの力

確実に着地することで、姿勢を保つ力と脚力がついてくる

動きの連続性を高める：ジャンプ力

地面を蹴ればジャンプはできますが、ジャンプで移動するなら腕を振った反動も必要です。ジャンプの練習をすれば、上半身と下半身を連動させて動かすことができるようになります。

ほかに期待される効果
日常の姿勢が改善される
まっすぐ速く走れるようになる

体のバランス力を高める：支える力

体をふんばって支えるためには、脚や腕の力はもちろん、腹筋や背筋などの体幹の力も使ってバランスをとらなければなりません。バランス力がつけば転びにくくなり、けがも少なくなります。

ほかに期待される効果
手と脚をスムーズに動かせるようになり、身体の巧緻性が高まる

体を自分のイメージどおりに動かせるようになる

空間認知力を高める：ぶら下がる力

物の形や置いてある場所を正確に把握するのが空間認知力です。鉄棒などにぶら下がり、逆さまになって、視界が安定しない状態で物を見たり触ったりすることで、空間認知力がつきます。

ほかに期待される効果
判断力が上がる、回転感覚や逆さ感覚が身につく

ふだんと異なる体勢になることで、自分の体がどうなっているのかを認識する空間認知力が育てられる

コラム

「できた」体験が自信を育てる

「できるから楽しい」が自信とやる気をつくる

「できない」ことが続くと、ストレスや自己否定を感じやすくなり、諦めることが習慣化してしまいます。できないことを無理にやらせれば、ますます自信ややる気を失くしてしまいます。

一方、「できること」は楽しく、自己肯定や自己有能感につながります。そして積極的なやる気が自信につながっていくのです。

大きな成功につながる小さな「できた」を増やす

そびえる山を征服するには、誰もがまず一合目から順番に登っていくしかありません。

大きな目標を最初から目指すよりも、スモールステップを一つひとつクリアしていくほうが、達成感から子どもの自信が育ちます。さらに、小さな「できた」を積み重ねると、最後は大きな目標でも確実に達成できるのです。

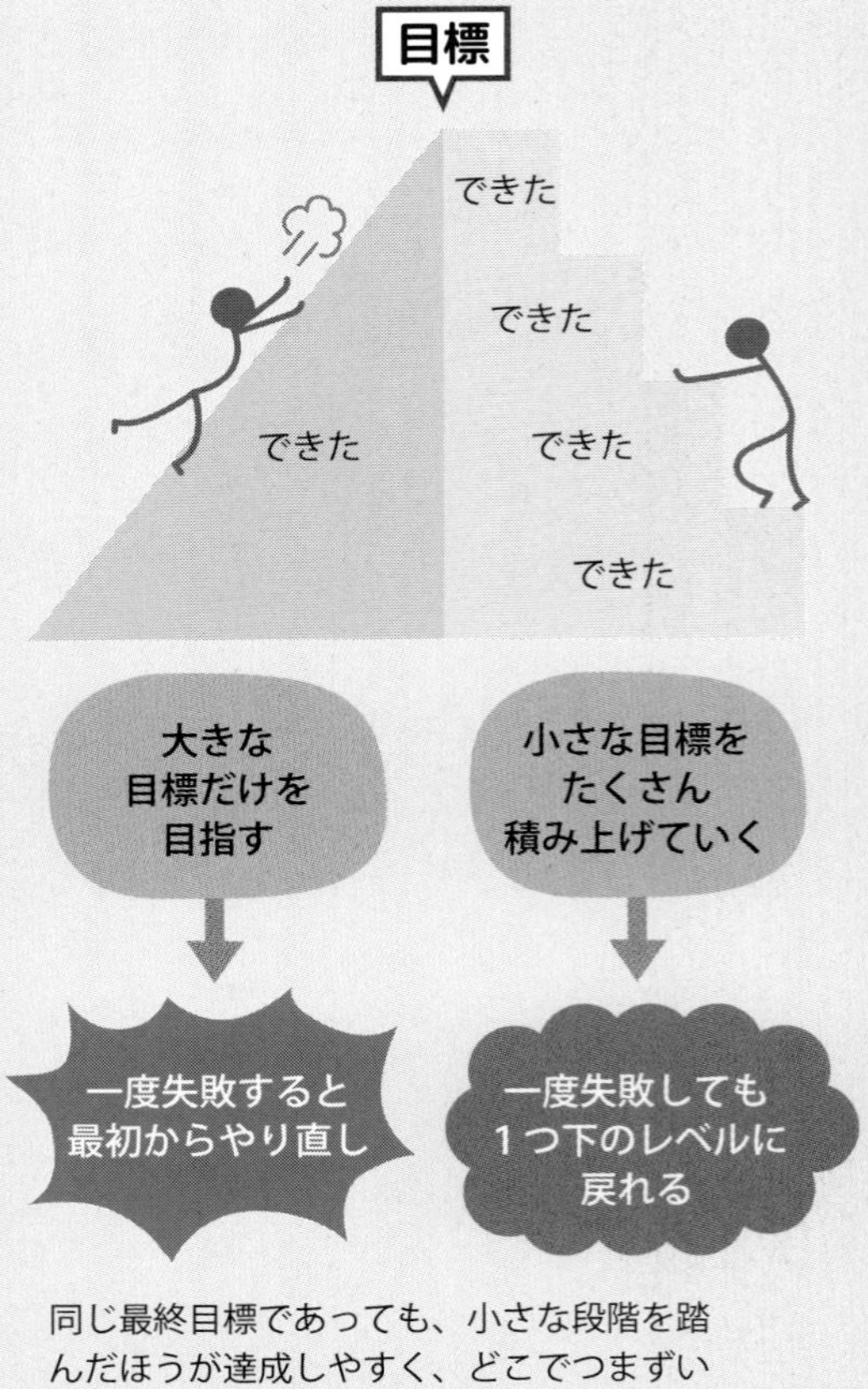

目標
できた
できた
できた
できた
できた
大きな目標だけを目指す
一度失敗すると最初からやり直し
小さな目標をたくさん積み上げていく
一度失敗しても1つ下のレベルに戻れる

同じ最終目標であっても、小さな段階を踏んだほうが達成しやすく、どこでつまずいたかわかりやすいため、振り返りやすい

2章 どれで遊ぶ？今日から始めよう

2章の運動遊びの説明の見方

運動遊びをおこなう「めあて」です。目標として意識しましょう。

運動遊びのやり方を説明しています。

運動遊びは❶から❽まであります。

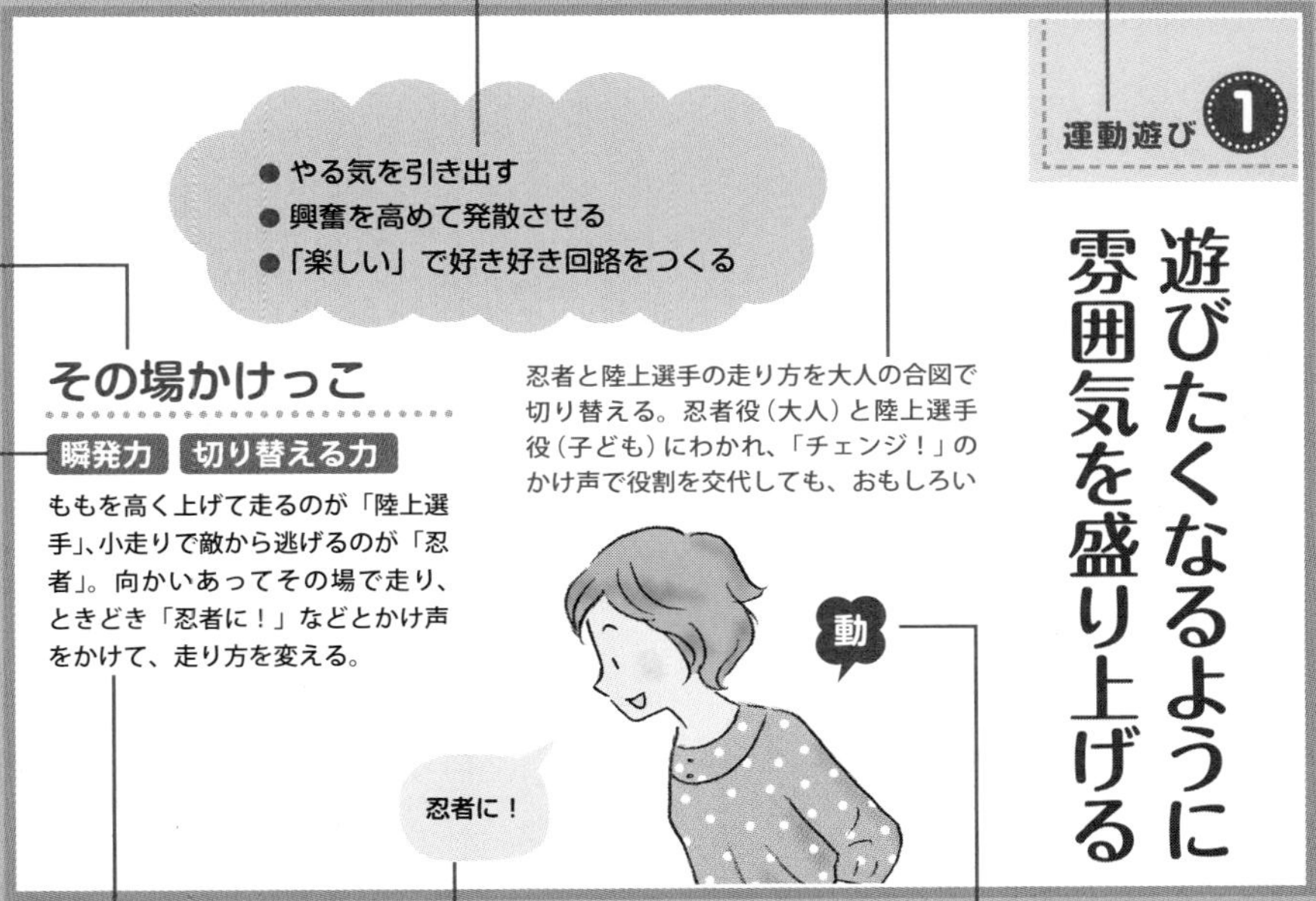
運動遊び❶

遊びたくなるように雰囲気を盛り上げる

- やる気を引き出す
- 興奮を高めて発散させる
- 「楽しい」で好き好き回路をつくる

その場かけっこ

瞬発力　切り替える力

ももを高く上げて走るのが「陸上選手」、小走りで敵から逃げるのが「忍者」。向かいあってその場で走り、ときどき「忍者に！」などとかけ声をかけて、走り方を変える。

忍者と陸上選手の走り方を大人の合図で切り替える。忍者役（大人）と陸上選手役（子ども）にわかれ、「チェンジ！」のかけ声で役割を交代しても、おもしろい

運動遊びの名称です。

運動遊びをおこなうことで、これらの力がつく可能性があります。

その運動遊びをする際のイメージ、運動遊びじたいの特徴や注意点などを説明しています。大人は、子どもに「忍者になろう」などと、その運動遊びのイメージがわくように、声掛けしてください。

大人が声をかけたり、子どもが返事をしたりする例です。

その運動遊びが「動」か「静」かを示します。

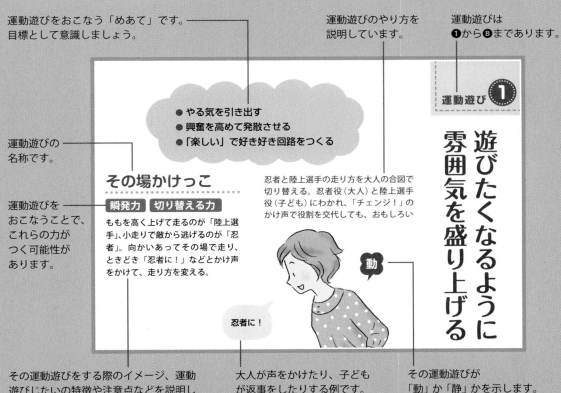

落ち着きが出て、話が聞けるようになった

柳沢運動遊び・療育プログラムを始める前、お母さんはＡくんに振り回される毎日でしたが、運動遊びを続けていくうちに変化が表れました。

Ａくん（小学１年生）

- 自閉症とADHDの合併
- 療育プログラム歴：８ヵ月

乳児のころから発達障害の特性が目立ち、親にもあまりなついていませんでした。

1

Ａくんはとにかくじっとしているのが苦手。いつもスケート選手のようにくるくる回っている子でした。

2

自分の気持ちをうまく説明できず、気に入らないことがあると、壁に頭を打ちつけることも。

3

物事の善悪がわからず、汚いものを素手で触ったり、店の棚に並んでいる商品を投げたりといった行動に、お母さんは悩んでいました。

泣きながら壁に頭を打ちつけ、流血することもあった

4

療育施設や医療機関にかかったものの、思わしい結果は得られません。そんな中、柳沢運動遊び・療育プログラムを実践している教室に出会いました。通ううち、Ａくんに落ち着きが出てきました。

5

Ａくんのお母さんは自宅でも運動遊びを実践。お母さんが「一緒に遊ぼう」と誘うと、並んでおこなうようになりました。

6

運動遊びを始めて半年。Ａくんはおとなしく座っていられるようになりました。注意を聞くこともでき、Ａくんもお母さんも生活しやすくなりました。

お母さんと一緒に勉強もできるようになった

保護者の声

運動遊びそのものはもちろん「ほめられた」経験が自信になった

いちばん変わったのが、落ち着きが出たこと。運動遊びをしているとほめられる機会が増えたのが、よかったのだと思います。自信がついたようで、背すじも伸び、友達にも自分から話しかけられるようになりました。

特に効いた遊びはコレ

手をパーにしておこなうクマ歩き（→ P30）です。落ち着きが出て、指先が器用になりました

やり方

動と静の要素が入るように意識する

プログラムのポイントは、興奮して盛り上がる動きと、静かに集中する動きを組み合わせること。動と静をくり返し、静で終えるのが理想です。

二つ以上の遊びを選んでメリハリをつける

本書で紹介するプログラムは①から⑧の運動遊びから成り、それぞれ盛り上がり度が異なります。盛り上がり度が高いほど、子どもは興味を持ちやすいので、運動が苦手な子は盛り上がり度が八〇パーセント以上の遊びから始めるとよいでしょう。

自宅でも①から⑧まで通しておこなうのが理想的です。忙しいなどで全部できない場合は、動と静の運動遊びから選んで、左ページの要領で組み合わせてください。

楽しいときは目いっぱい、集中するときは静かにが原則

盛り上がり度とは興奮しやすさを示す指標です。盛り上がり度が同じでも、集中して体を正確に動かすなら「静」、楽しく体を動かすなら「動」の遊びになります。

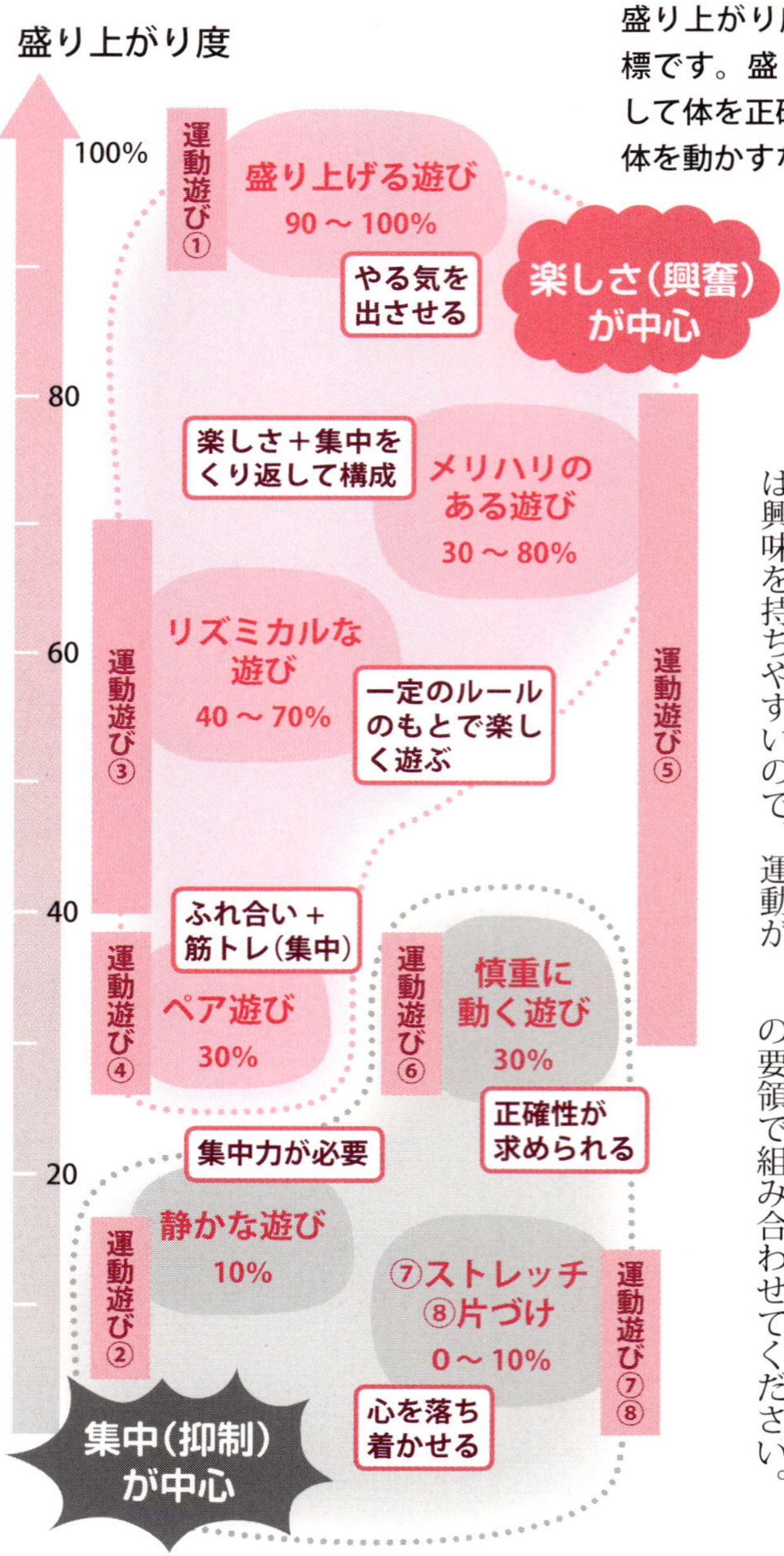

盛り上がり度
100%
80
60
40
20
運動遊び①
盛り上げる遊び
90 ～ 100%
やる気を出させる
楽しさ（興奮）が中心
楽しさ＋集中をくり返して構成
メリハリのある遊び
30 ～ 80%
運動遊び⑤
運動遊び③
リズミカルな遊び
40 ～ 70%
一定のルールのもとで楽しく遊ぶ
ふれ合い＋筋トレ（集中）
運動遊び④
ペア遊び
30%
運動遊び⑥
慎重に動く遊び
30%
正確性が求められる
集中力が必要
運動遊び②
静かな遊び
10%
⑦ストレッチ
⑧片づけ
0 ～ 10%
運動遊び⑦⑧
心を落ち着かせる
集中（抑制）が中心

組み合わせのポイント

1 運動遊び①〜⑧を通しておこなう

運動遊び①から１つ、②から１つ……というふうに、
１つずつ選んで、通しておこなってください。

2 できないときには、動の運動遊びと静の運動遊びから選ぶ

忙しいなどで、①〜⑧まで通しておこなえないときには、動と静の運動遊びをそれぞれできる数だけ選びます。運動遊び⑤は動と静の組み合わせなので、これだけでもかまいません。

動の遊び	動と静の遊び	静の遊び
運動遊び①（P32 〜 33） 運動遊び③（P36 〜 41） 運動遊び④（P42 〜 47）	運動遊び⑤ （P48 〜 53）	運動遊び②（P34 〜 35） 運動遊び⑥（P54 〜 57） 運動遊び⑦（P58 〜 59） 運動遊び⑧（P60）

3 最後は静の運動遊びにする

最後は静で締めくくります。運動遊び⑤でも、静が最後になるように。興奮が残らないようにするのがコツです。道具を使ったら、最後は⑧の片づけにしましょう。

○
運動遊び①（ジャングルの運転手さん）
↓
運動遊び②（連想カラータッチ）

×
運動遊び②（連想カラータッチ）
↓
運動遊び①（ジャングルの運転手さん）

最後は運動遊び①のような動の遊びにしないほうがよい。

親子やきょうだい、
近所の友達などと、
一緒に遊ぼう

時間の目安

１つの運動は短時間で切り替えて、
全体で10〜15分程度におさめるとよい

覚えて
おきたい

基本の動物ポーズ

柳沢運動遊び・療育プログラムでは、さまざまな動物のまねをします。そのなかでもよく出てくるのがこの４つの動物です。この動物のまね遊びをするだけでも、想像力や抑制力が身につきます。

カンガルージャンプ

ジャンプ力 **コントロール力**

カンガルーがぴょんぴょんジャンプしているイメージ。

両膝《ひざ》をそろえてジャンプする。両手は前後に大きく振る。連続してジャンプするときは、腕をリズミカルに振るとよい

両膝をそろえる

前を見る
膝はつかない
指先までしっかり伸ばす

クマ歩き

支える力 **抑制力**

のっしのっし歩くクマになる。

膝をつかない四つんばい（高ばい）の姿勢で歩く。指先までしっかり伸ばして手をつき、前を見る

ウシガエルジャンプ

支える力　ジャンプ力　バランス力

両脚を大きく左右に開いてしゃがみ、ウシガエルのポーズをとる。敵が来たら大きくジャンプして逃げる。

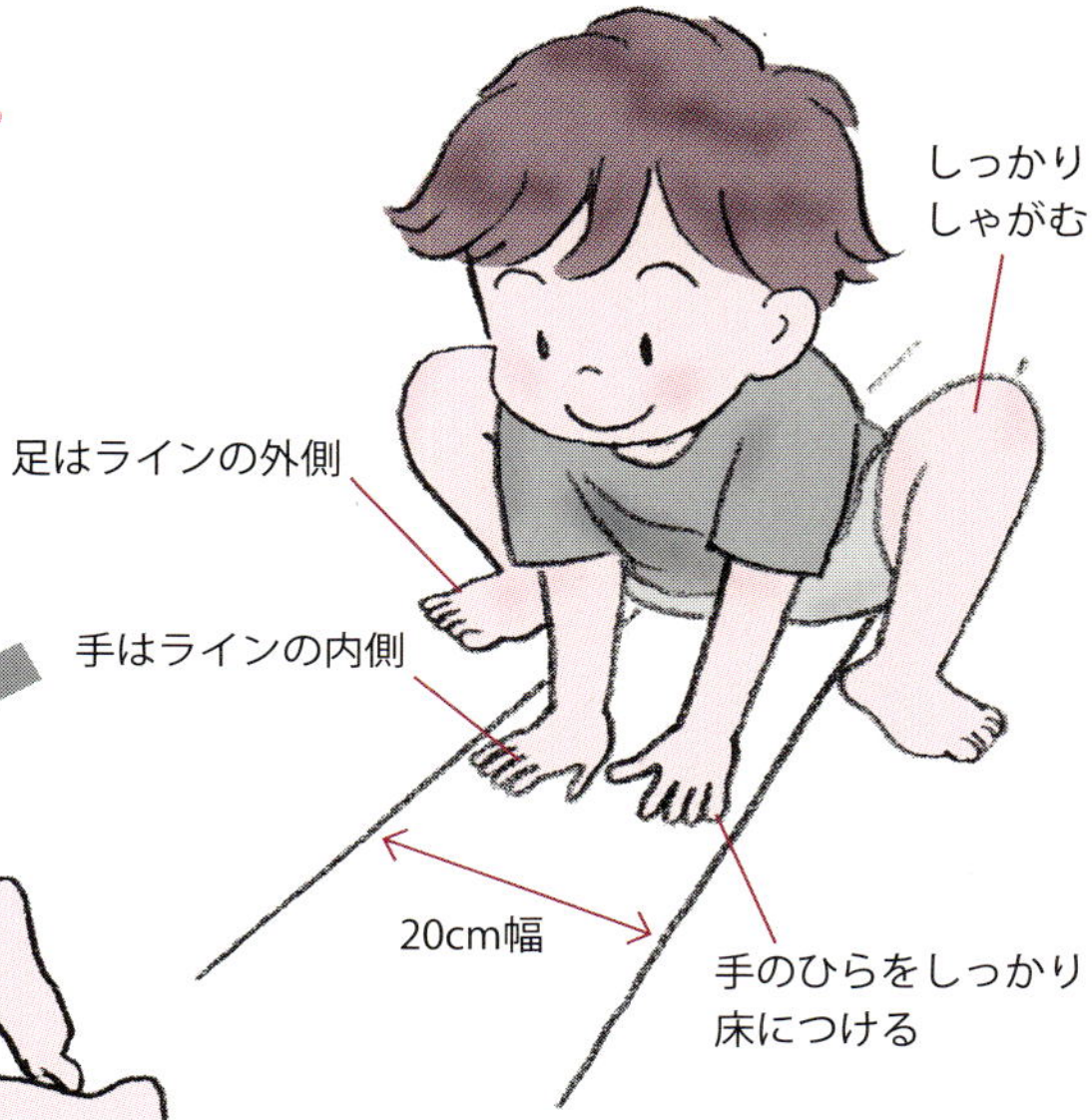
しっかり
しゃがむ
足はラインの外側
手はラインの内側
20cm幅
手のひらをしっかり
床につける

手→脚の順に動かして前に進む。手と脚は同時に動かさないようにし、手を前についてからジャンプという形を身につける

サルのポーズ

全身の力　ぶら下がる力

木にぶらさがるサルになる。

ひじを曲げて鉄棒にぶら下がり、足を持ち上げて、そのままの姿勢をしばらく保つ

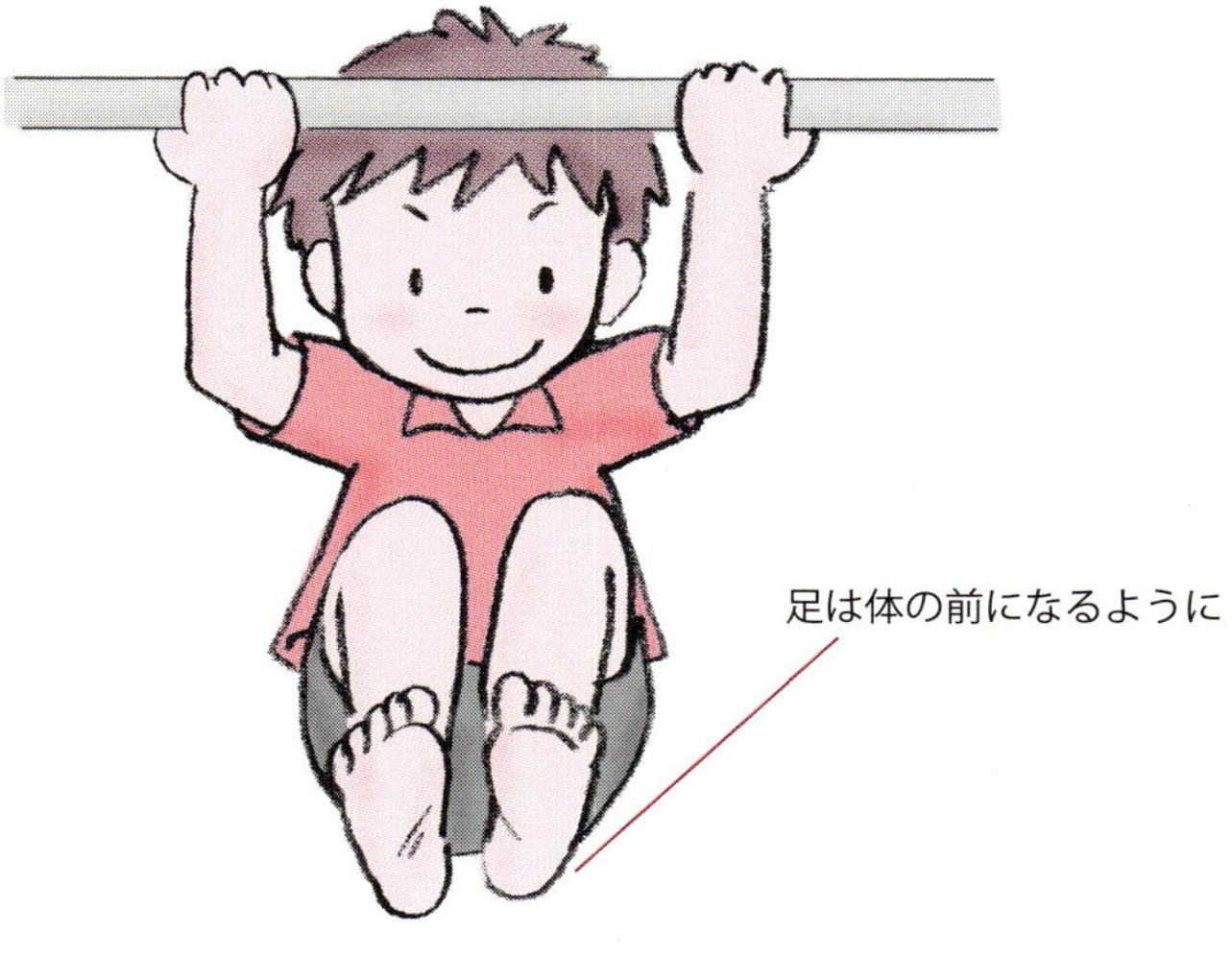
足は体の前になるように

遊びたくなるように雰囲気を盛り上げる

運動が苦手でも、動物のまねやダンスなどおもしろそうな遊びはやってみたいもの。また、大人が楽しそうに遊んでいると興味がわきます。

- やる気を引き出す
- 興奮を高めて発散させる
- 「楽しい」で好き好き回路をつくる

その場かけっこ

瞬発力　切り替える力

ももを高く上げて走るのが「陸上選手」、小走りで敵から逃げるのが「忍者」。向かいあってその場で走り、ときどき「忍者に！」などとかけ声をかけて、走り方を変える。

忍者と陸上選手の走り方を大人の合図で切り替える。忍者役（大人）と陸上選手役（子ども）にわかれ、「チェンジ！」のかけ声で役割を交代しても、おもしろい

動
忍者に！
膝は上げないで小刻みにつま先で走る（忍者）
腕を速く振る（陸上選手、忍者共通）
ももを高く上げる（陸上選手）

ジャングルの運転手さん

判断力　**集中力**　**瞬発力**

運転手（子ども）と車（大人）にわかれる。ジャングルを車で探検する。しばらく走ったら、動物が現れたことを車役の人が知らせる。

1

車役は運転手の足首を持って引っ張る。運転手は、後ろに倒れないようにハンドルを持った姿勢になる。「右にキキー」など車役のかけ声にしたがって、体を傾ける

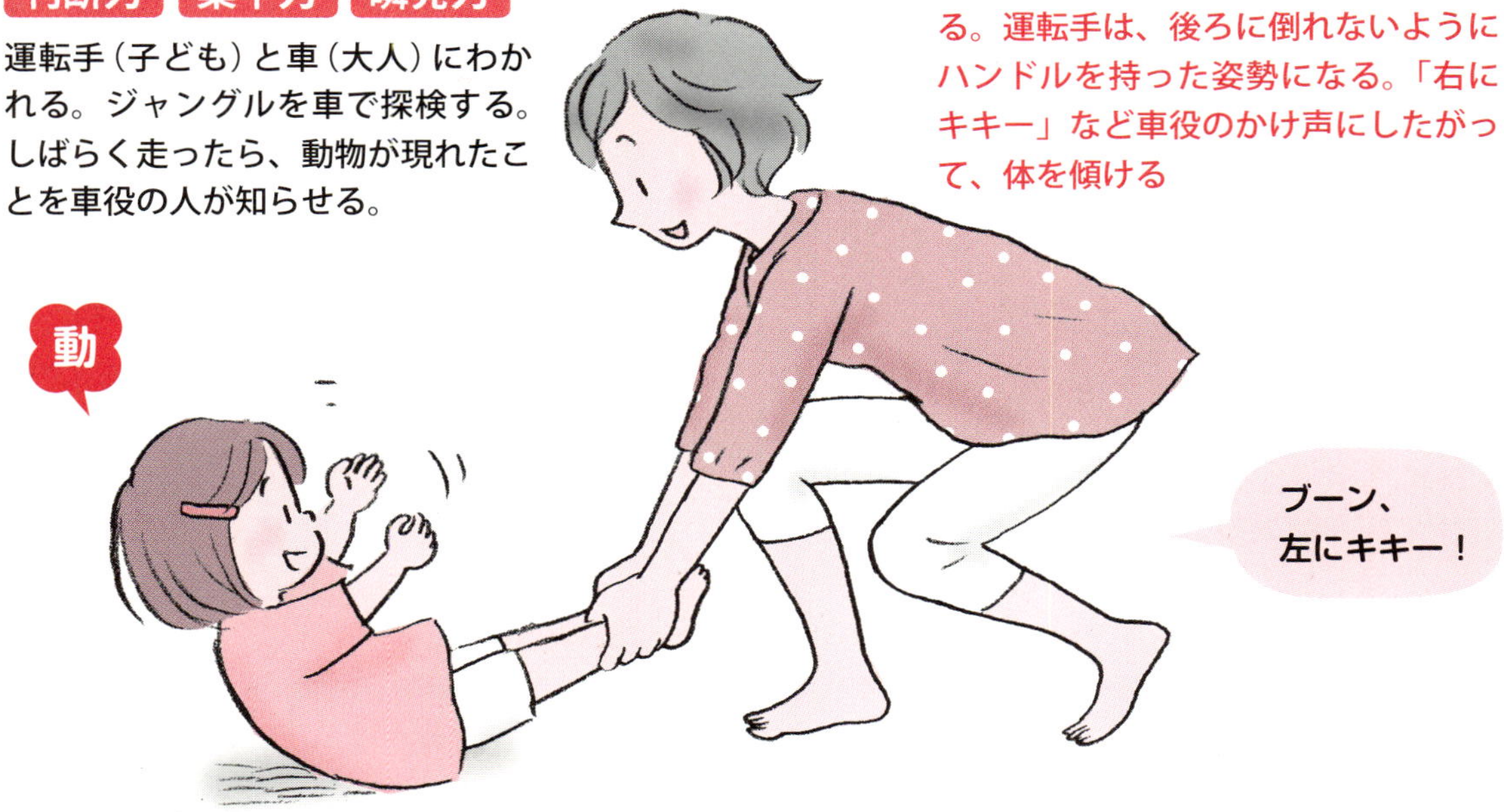

2

大人が「○○だ」といったら、2人で素早く指定した動物になりきって歩く

ポイント

P30にあるような動物になりきる。ほかの動物は、大人が見本を示してあげても。

静かな動きで集中&がまん

集中力が必要な運動や、急に動きを止める遊びでは、気持ちや脳を制御する力が育ちます。一瞬でよいので、集中する時間をつくりましょう。

- 短い時間でも集中する
- 動きたい気持ちをがまんさせる

連想カラータッチ

判断力 **想像力** **集中力**

トマトは赤、レモンは黄のように、果物や野菜など、身近にある物の名前から、色を連想させよう。

トマト、レモン、メロン

トマト、レモン……メロン！

色の違うカップを手の届く範囲に並べる。大人がお題を出し、子どもはいわれた順番にタッチする

慣れてきたら、色数を増やしたり、両手で同時にタッチさせると難易度があがる

アレンジしよう

動物ポーズをプラスすると「動」の遊びにも

カップを少し離れた場所に置き、色を指定する。カップまでクマ歩きなどの動物のまねで行ってタッチさせると、動の遊びになる。

カンガルーのおつかい

コントロール力 **注意力** **集中力**

子どもカンガルーが、猟師に見つからないように注意しながら、おつかいに行く。足音をたてないように両足を閉じてジャンプする。買ったもの（風船）を落とさないように、膝を大きく曲げて力を吸収するとよい。ジャンプは小さくてもOK。

1

風船を両手でつくった受け皿の上に載せて、静かにカンガルージャンプ

静
くつ下も脱いで裸足で跳ぶほうが、足音がたちにくい

2

「猟師だ」などと合図があったら、その場にしゃがんで、見つからないように小さくなる。風船を落とさないように静止する

手でつかんだり、挟んだりしない
静
猟師だ
なるべく膝をくっつけてしゃがむ

運動遊び 3

音楽に合わせて リズミカルに動く

音楽やタイミングに合わせて体を動かすことで、リズム感覚が身につきます。タイミングよく体を動かせば脳と体の連携が円滑になります。

- リズムに合わせて楽しく体を動かす
- タイミングを合わせる
- 相手の動きに自分の動きを合わせる

マリオネットジャンプ

ジャンプ力　判断力　リズム感覚

マリオネットのように、大人の指示どおりに両脚で左右や前後にジャンプする。

大人は一定のリズムで指示を出し、子どもは指示どおりの方向に連続ジャンプする

動

あんたがたどこさ

ジャンプ力　理解力　リズム感覚

歌詞にあるように、2人で会話しているつもりで交互に歌う。2人以上でおこなうなら、2チームにわかれ、チームで1フレーズずつ歌う。

童謡「あんたがたどこさ」のリズムに合わせて、左右にジャンプする。歌詞に「さ」が出てきたら前に跳び、再び左右に跳ぶ

ポイント

「さ」のときだけ前に跳ぶ。前に跳んだら、後ろに戻らず、そのまま進む。

例

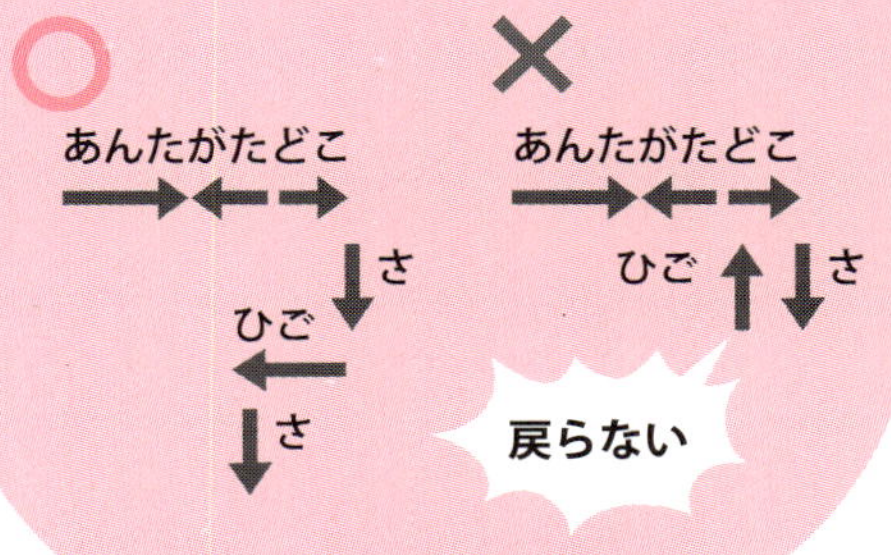

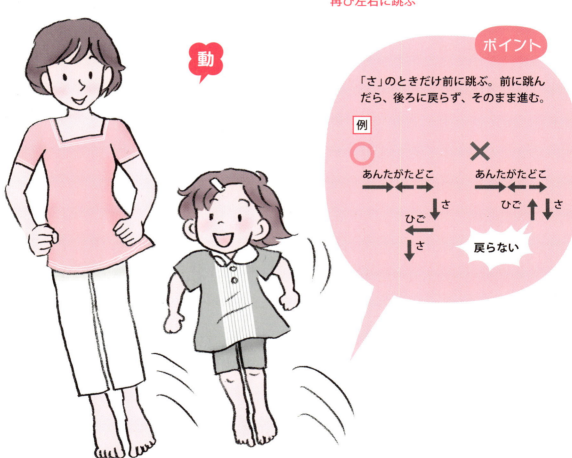

ウサギとカメ

切り替える力 **リズム感覚** **支える力**

歌の１番ではカメに、２番ではウサギになりきる。
歌詞を聞きながら、動きを変える。

1

「もしもしカメよカメさんよ」でカメになる。うつ伏せになって膝を曲げ、足首をつかみ、手脚を伸ばすように反る。「世界のうちでお前ほど」から１番の最後まで、前後に揺らす

世界のうちで
お前ほど
動
あごを上げて前を見る
胸を反らす

耳をつくる
なんとおっしゃる
ウサギさん
動
脚はバラバラでも
よい

2

２番「なんとおっしゃるウサギさん」で、手で耳をつくり、ウサギのジャンプで跳ぶ。「そんならおまえとかけくらべ」から最後まで、陸上選手（→ P32）になって、その場で猛ダッシュ

グーチョキパーで物まね名人

リズム感覚 **集中力** **理解力** **支える力**

手と足でグー、チョキ、パーのポーズをとったあと、動物やヒーローなどになりきる。動きのあるポーズなら大人の周りを１周する。

「グー、チョキ、パーで何つくろう」の歌に合わせて手足を動かす。「お手ては〜」で大人の指示どおりのポーズをとる

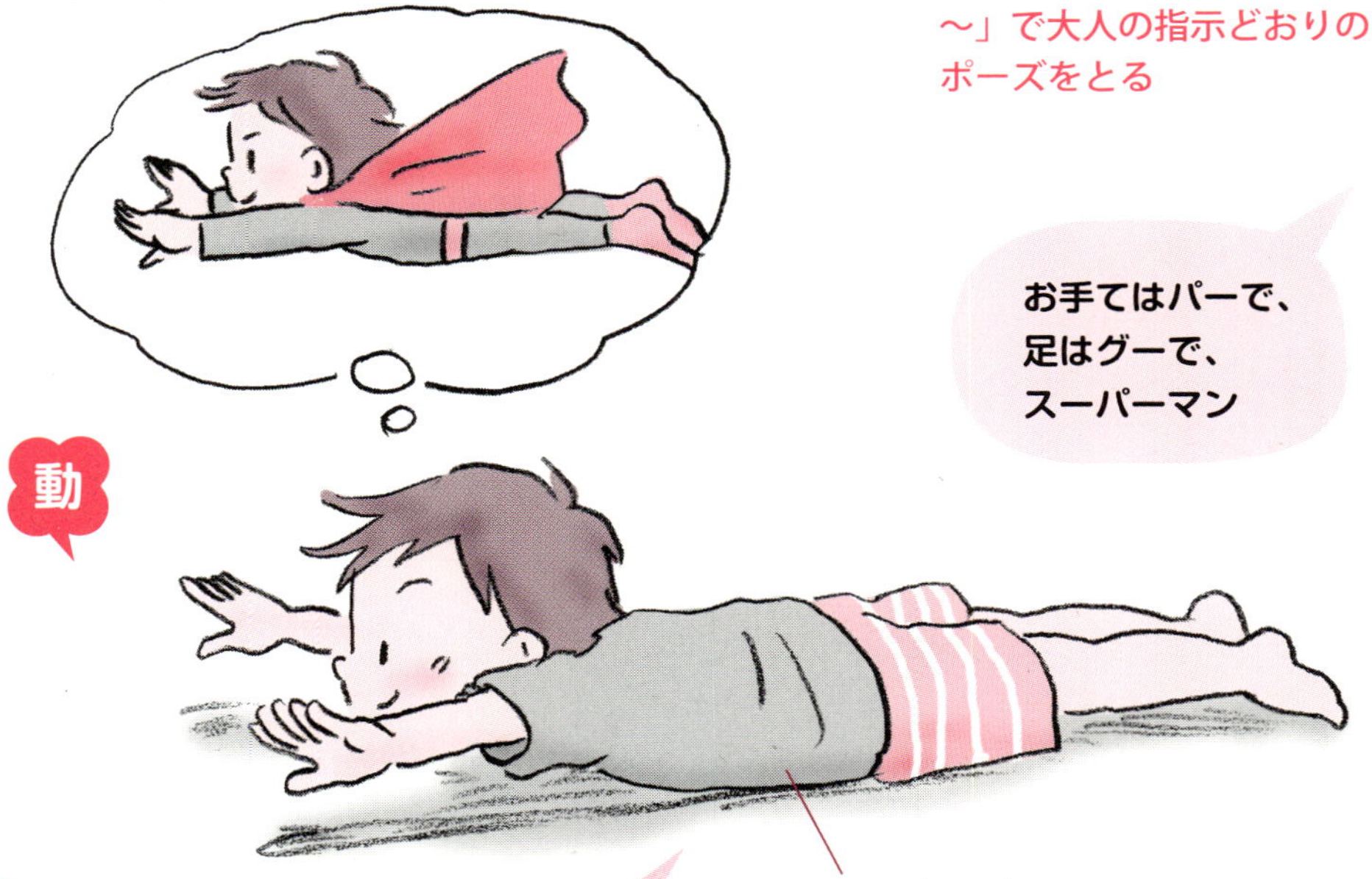
お手てはパーで、
足はグーで、
スーパーマン
動
おなかだけで支える

ポイント

指先まで意識してグー、チョキ、パーのポーズをとる。足がチョキ（下図）、両手をチョキの形にしてバンザイなど。

グー、パー
(→ P77)
チョキ
足を前後に開く

チャレンジ

立って足をパーにして膝を少し曲げ手がチョキでカニ。足がパーで手をパーにして前に出し（つっぱり）、おすもうさんなども。グー、チョキ、パーだけでは指示が限られるので、「足はカカシさん（→ P49）」など、違う要素を入れるとよい。

音楽に合わせてリズミカルに動く

落ちた落ちた

ぶら下がる力　リズム感覚　集中力　コントロール力

サルになったつもりで、落ちてきた物を落とさないように脚でキャッチ。赤いボールをリンゴ、ピンクのボールをモモに見立てよう。

1

投げる役は大人、サル役は子ども。子どもは鉄棒を握って立ち、「落ちた落ちた」と大人が歌っている間、リズムに合わせて跳ねる

なにが落ちた？
握り方は自由
落ーちた
落ちた
ひじを曲げる
動

リンゴ

2

子どもは「なにが落ちた？」といってぶら下がり、飛んできたボールを脚でキャッチする

チャレンジ

ボールのほかに、フープやカップも使える。フープは脚でキャッチし、カップはつま先に引っ掛ける。フープはゴムホースで（つくり方→P50）、カップは、紙コップに色を塗ればつくれる。

ぎったんばっこん

ぶら下がる力 **体幹の力** **社会性**

シーソーに乗っているつもりで、上半身だけ動かす。タオルを持って引っ張り合い、相手に合わせて力を加減する。足はシーソーの支点のイメージなので動かさない。

フェイスタオルを縦に４つ折りにして、両端を大人と子どもがそれぞれ持つ。大人はしっかりふんばり、子どもはゆっくり後ろに倒れる。ある程度まで倒れたら、大人が引っ張り、子どもの体を起こす

ぎったんばっこん
フェイスタオル
動
ふんばる

うんとこしょ、
どっこいしょ
とうとうカブは
抜けました
動

大きなカブ

ぶら下がる力 **ふんばる力** **語《ご》彙《い》力**

大人がカブになり、子どもは「大きなカブ」の登場人物になりきる。物語に出てくるフレーズを使うと世界に入りやすい。

お互いの手首をしっかり握り合う。子どもはカブを抜くつもりで大人の腕を引っ張り、大人はふんばる。数回引き合ったら、カブ（大人）は、抜かれたようにぴょんと跳ねる

対面で子どもと目と目を合わせて

大人と子どもがペアでおこなう運動遊びは、信頼関係を築くにもピッタリ。相手の動きや気持ちに合わせるので、協調性や社会性も育ちます。

- 全身の筋力を向上させる
- 1対1でおこなうのでほめやすい
- 子どもとの信頼関係が築ける

ウサギのジャンプ練習

社会性　ジャンプ力　協調性　リズム感覚

ウサギの親子がジャンプの練習をしているイメージ。慣れてきたら大人の声に合わせて子どもだけジャンプさせる。

子どもと大人が向かい合って手をつなぎ、一緒にジャンプする。何回かに1回、大人が子どもを上に持ち上げる大ジャンプを入れる

ピョンピョン
ピョ～ン
動
ピョンピョン
ピョ～ン

カラスだキャー、ヘビだキャー

判断力　ジャンプ力　集中力　語彙力

魔法で凶暴なカラスやヘビに変身したステッキを避ける。ステッキにあたると、10 秒間動けない魔法がかかる。

動
カラスが
きたぞー

チャレンジ

スムーズにできるようになったら、ステッキを動かすスピードを速めていく。反応速度も難易度も上がり、興奮して盛り上がりやすい。

動
ヘビが
きたぞー

大人は新聞紙を丸めて持ち、「カラスがきたぞー」あるいは「ヘビがきたぞー」といいながら動かす。子どもはステッキにぶつからないように避ける

対面で子どもと目と目を合わせて

エアロビクマ

集中力　支える力　判断力

運動不足のクマがエアロビクスをするイメージ。「４本脚で歩くから、手は離さないで脚だけ動かそう」とすれば、やりやすい。

クマ歩き（→ P30）の姿勢で脚を伸ばす。片脚を上げた片脚クマの体勢で、床につく足の左右を入れ替えながらケンケンする

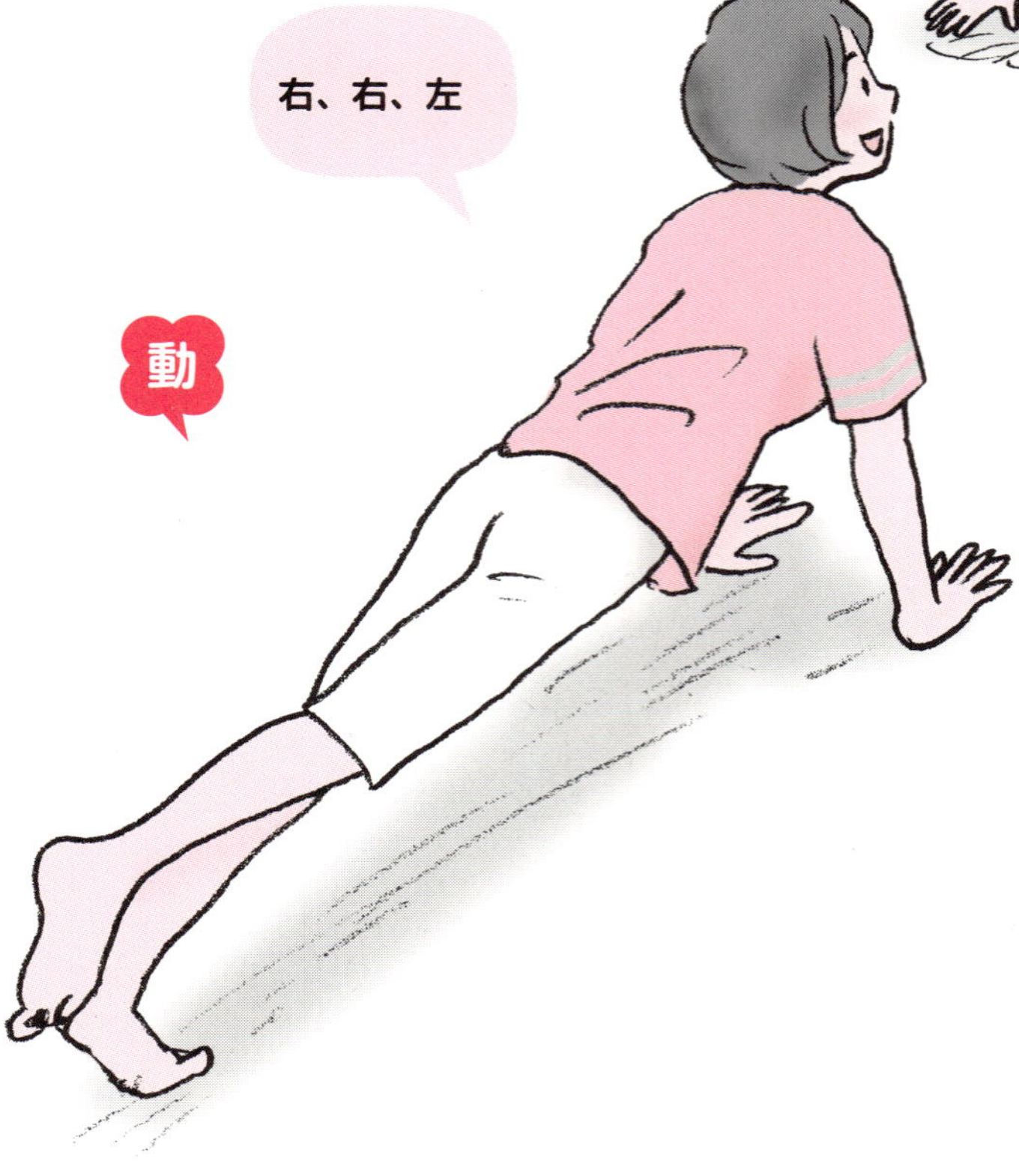

アレンジしよう

ダンス音楽に合わせて脚を替える

慣れてきたら、実際のエアロビクスのように音楽に合わせて動いてみると、リズム感覚も鍛えられ、楽しさも増す。

ジャンケンクマ

理解力　**バランス力**　**支える力**　**空間認知力**

「クマさんは手でジャンケンができないから足でジャンケンをするんだよ」と、イメージさせて、足でジャンケンする(→ P39)。負けたら、勝った人が指定した動物で相手の周りを１周する。

1

両手をしっかり開いてつき、体を支える。足は閉じてグーの体勢になる

動
最初はグー
手はパーにして
手の平をしっかりつく

2

かけ声とともに両足で地面を蹴って、タイミングを合わせて自分のジャンケンの形をいいながら、足でジャンケンする

ジャンケン
チョキ
パー
動
大きく表現しよう

ガリバーバランス

バランス力 **ぶら下がる力** **ふんばる力** **社会性**

小人（子ども）の国にきたガリバー（大人）が帰るのを必死で引きとめる。足が動いたり、倒れたりすると、ガリバーは自分の国に帰ってしまうので、小人はふんばる。

1

大人の親指をしっかり握らせたら、子どもの手を包みこむように指を添える

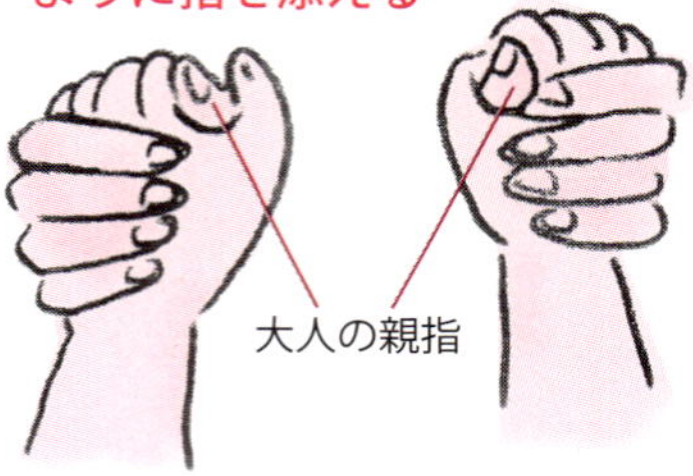
大人の親指

2

手をつないだまま大人は子どもの手を前後左右に大きく動かす。子どもは、腕と脚の力でその場を動かないようにふんばる

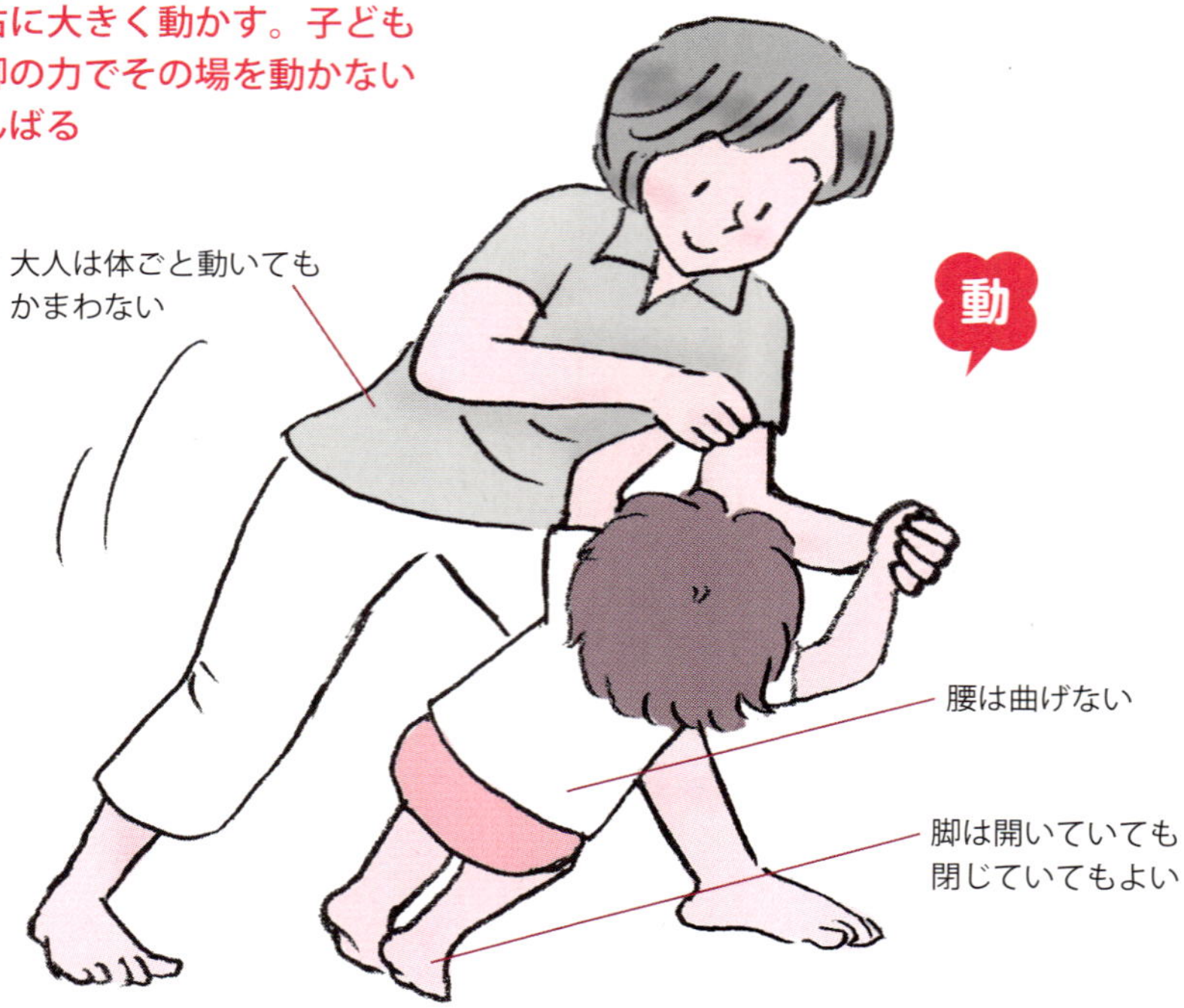
大人は体ごと動いてもかまわない
動
腰は曲げない
脚は開いていても閉じていてもよい

サルのウルトラキック

ぶら下がる力 **判断力** **空間認知力**

大人は楽器役、子どもはサル役。サーカスにいるサルのようにぶら下がった状態で、テンポよく音を鳴らすことができれば大成功。

サル役は鉄棒にぶら下がり、指示された側の足で楽器をキックする

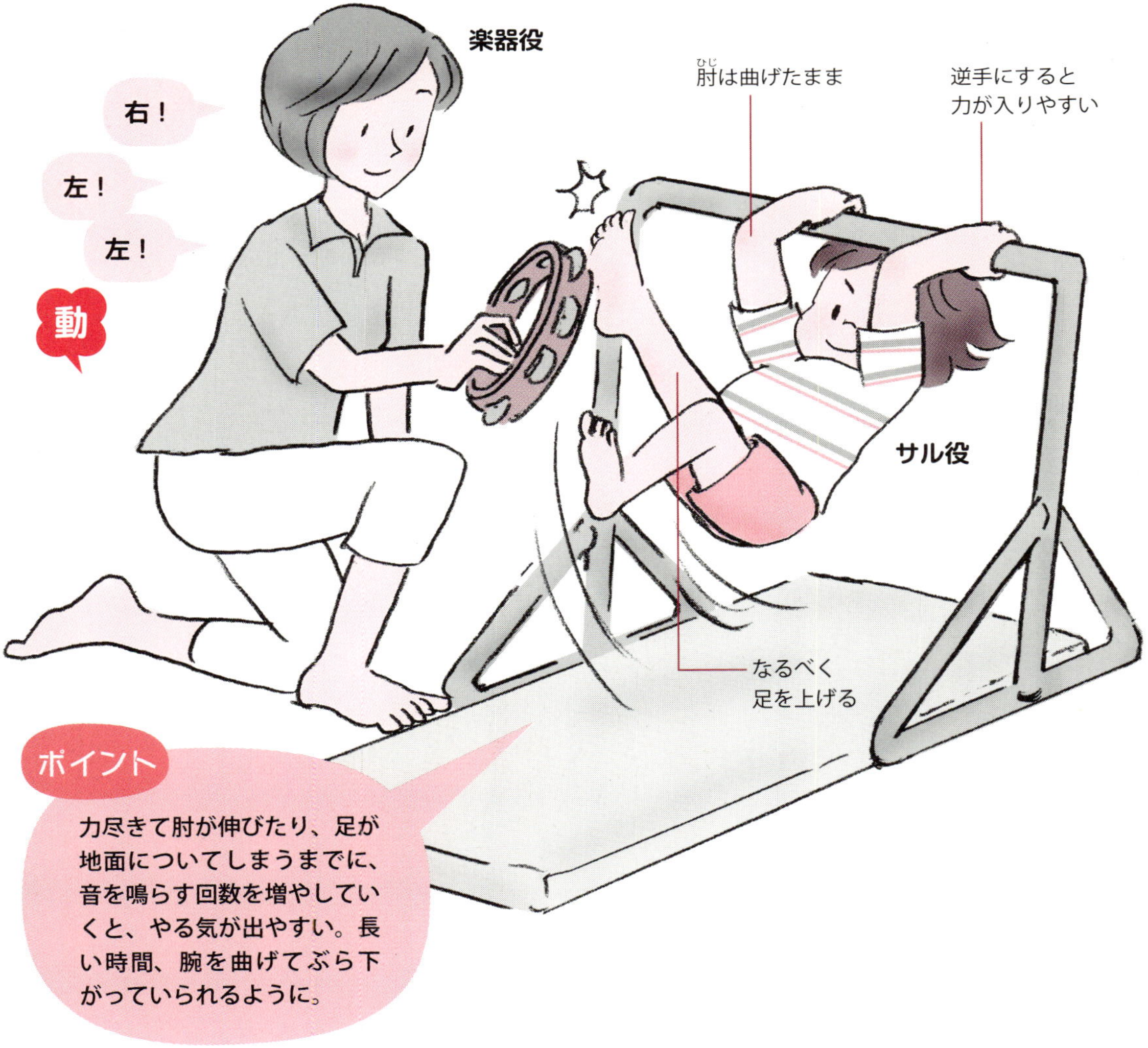
楽器役
右！
左！
左！
動
肘《ひじ》は曲げたまま
逆手にすると
力が入りやすい
サル役
なるべく
足を上げる

ポイント

力尽きて肘が伸びたり、足が地面についてしまうまでに、音を鳴らす回数を増やしていくと、やる気が出やすい。長い時間、腕を曲げてぶら下がっていられるように。

メリハリをつけて瞬間的に動と静をチェンジ

動と静を素早く切り替えるような運動遊びをすると、自然に興奮を抑制する力が育ちます。徐々に静の時間を増やしていくとよいでしょう。

- 興奮と抑制を切り替えさせる
- 気分を盛り上げる
- 徐々に落ち着かせていく

カウントカンガルー

集中力　リズム感　ジャンプ力

カンガルーになり、その場で連続ジャンプする。１回ジャンプする間に、大人の指示した回数手を叩く。慣れてきたら連続で。手を叩く回数の代わりに「ストップ」と言って、急に止まらせる遊びをときどき入れると、動と静のメリハリがつく。

1

事前に「いう数だけ手を叩いてね」と告げる。子どもがカンガルージャンプをしているあい間に回数をいう

2

子どもはジャンプを１回する間に、指示された回数だけ手を叩く。慣れてきたら連続で

魔法で変身ジャンプ

集中力 **判断力** **抑制力** **ジャンプ力**

「6回ジャンプすると1回変身できる魔法がかかるんだよ」と説明し、大人は子どもに魔法をかける。大人が魔法の言葉を唱えてあげると気分がのりやすい。

1
その場で6回ジャンプする

1、2、3、4、5、6
カカシになあれ

2
指示されたとおりに変身する。カカシなどピッと止まるものになるのがおすすめ

ポイント

ピッと止まることが大切。オットセイ（→ P50）や片脚クマ（→ P44）などゆっくり動くものに変身して、大人の周りをゆっくり1周してもいい。

メリハリをつけて瞬間的に動と静をチェンジ

オットセイの曲芸

コントロール力 **集中力** **支える力**

水族館のショーにオットセイになって参加しよう。実際の写真があれば、より想像しやすい。

1

オットセイのポーズになる。膝をしっかり曲げたほうが移動しやすい

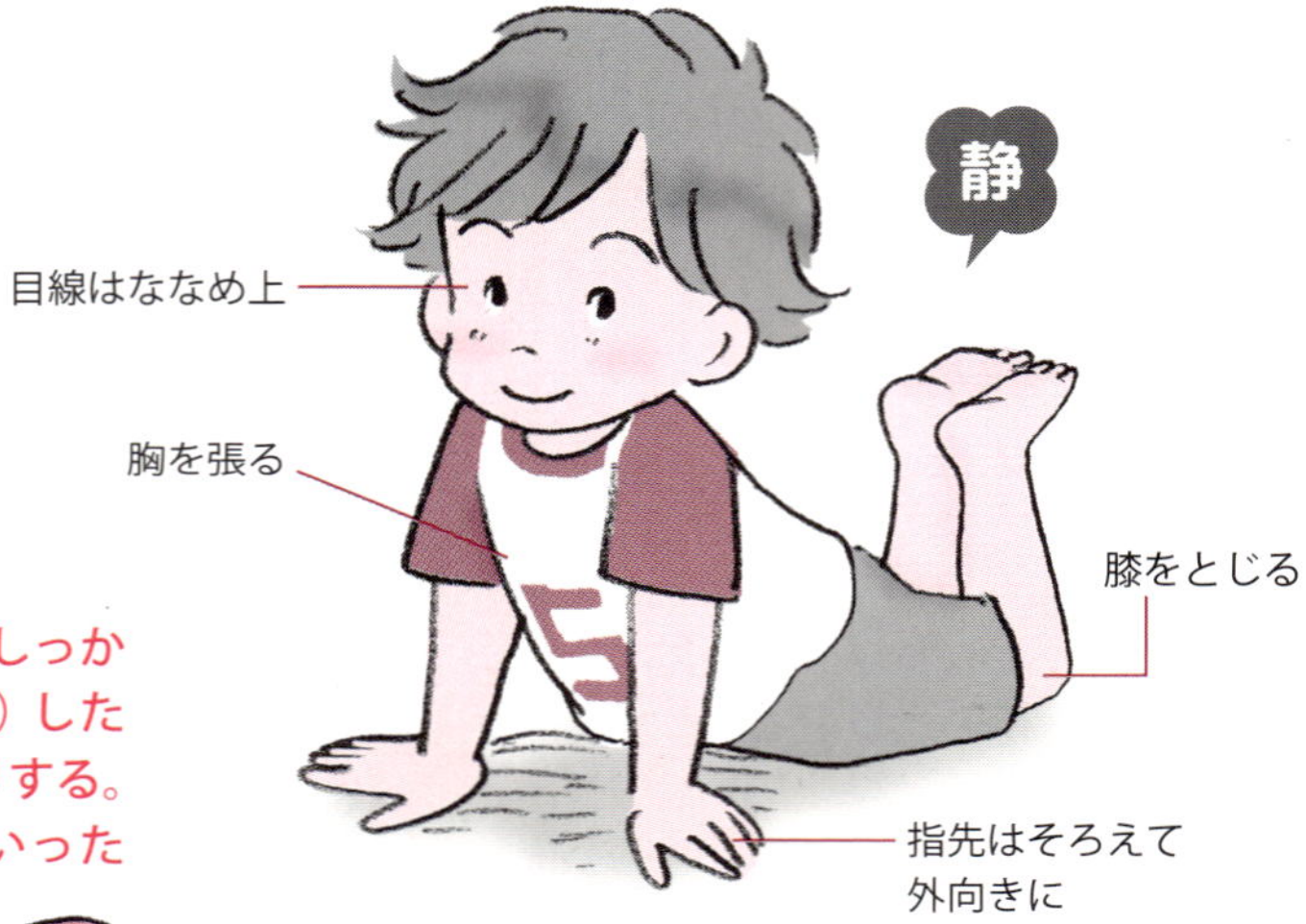
静
目線はななめ上
胸を張る
膝をとじる
指先はそろえて外向きに

2

飛んできたボールやフープをしっかり見て、ヘディング（ボール）したり、輪くぐり（フープ）したりする。5～10回おこなってうまくいった回数を競おう

ポイント

フープはゴムホースを好きな長さに切り、両端をテープで止めれば簡単につくれる。

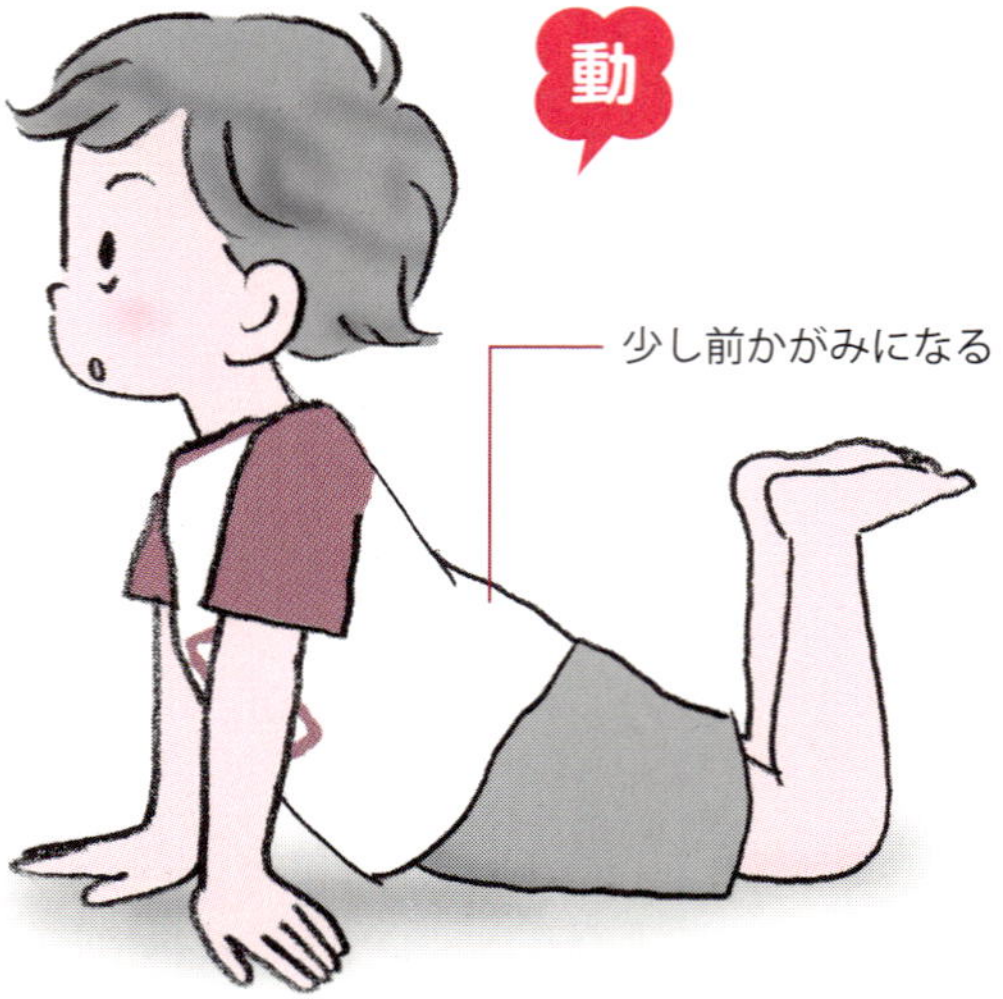
動
少し前かがみになる

だるまさんが転んだ

支える力 **バランス力** **調整力** **見とおす力**

オニの持っているエサを、気づかれないようにクマが取りに行くイメージ。オニを猟師に替えて「見つかったらつかまっちゃうよ」とすれば、ドキドキ感が加わり楽しい。

オニとクマにわかれて「だるまさんが転んだ」をおこなう。「だるまさんが転ん」までが動、「だ」が静になる。静で止まる時間の長さを変えて、メリハリをつける

動
だるまさんが
転ん
だっ
静

チャレンジ

オニの言葉を「クマさんが寝転んだ」などにアレンジして、「だ」のときに指示した動きができなければ負けという遊びもできる。

メリハリをつけて瞬間的に動と静をチェンジ

人間メリーゴーランド

ぶら下がる力　回転感覚　コントロール力

メリーゴーランドの馬や馬車になったつもりでぐるぐる回る。想像しやすいように、音楽をかけると雰囲気が出る。手が離れて転ぶことがあるため、広い場所でおこなう。

1

タオルの端と端をしっかり持つ。大人はその場で回転し、子どもは大人の周りをぐるぐる回る

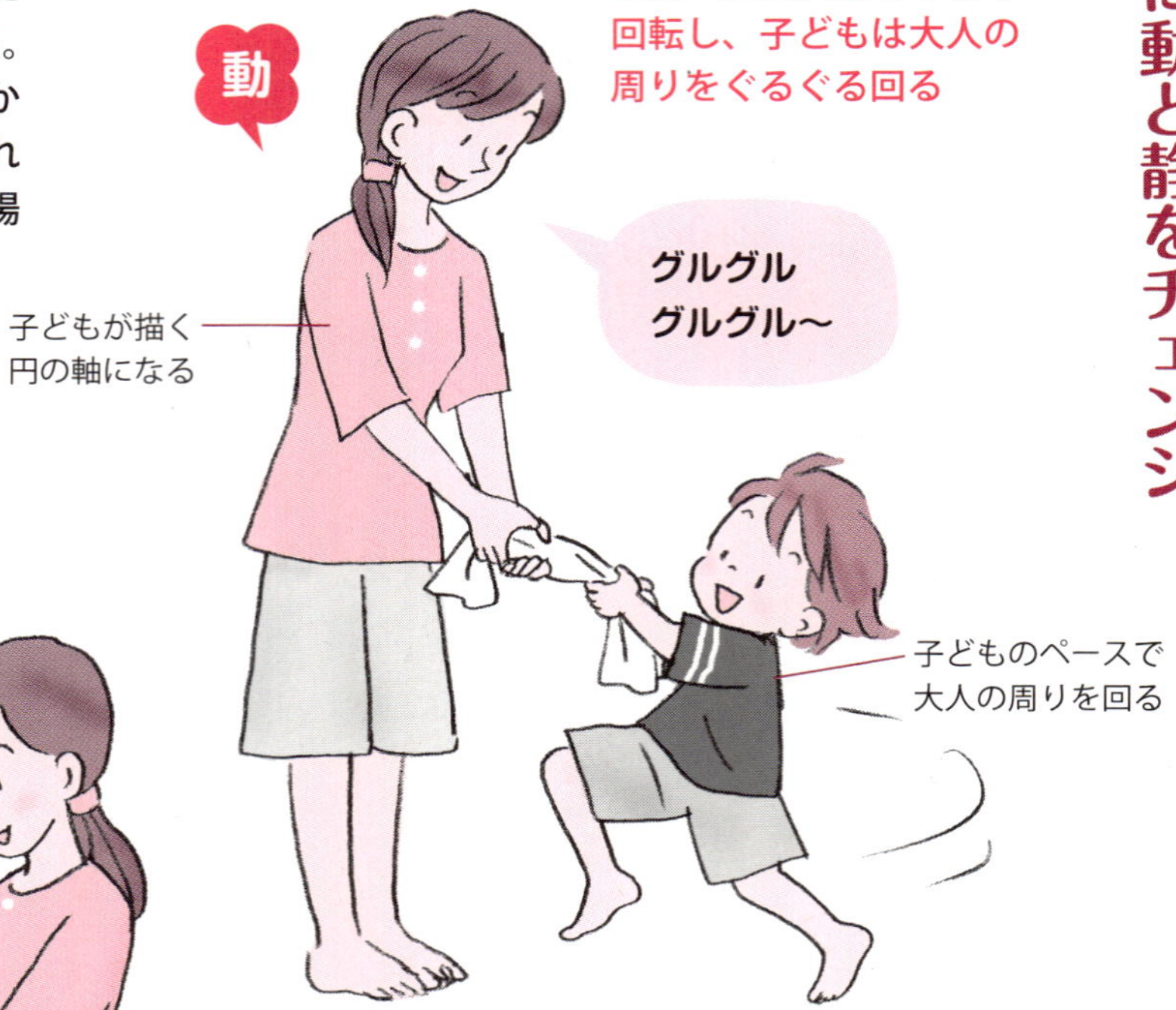
動
グルグル
グルグル～
子どもが描く
円の軸になる
子どものペースで
大人の周りを回る

2

大人の合図に合わせて、その場でピタッと止まる

ストップ
静

アレンジしよう

いろいろな回り方をして止まる

スキップや忍者走り、カンガルージャンプなど、好きな回り方で回れば、止まるときの姿勢にもバリエーションが生まれる。カカシやケンケンなど、止まるポーズを指定するのもおもしろい。

鉄棒でダッシュ＆ジャンプ

ぶら下がる力 **コントロール力** **腹筋**

鉄棒を持ったまま猛ダッシュしてジャンプする。
鉄棒を持つことで、地面からちょっと浮いていて、
足元の敵を攻撃したり、避けたりするイメージ。

鉄棒の前に立ち、肘を曲げ、逆手でしっかり握る。その場で10回ももを上げて足踏みし、10回目は両膝を上げて一瞬止まる。肘が伸びずに、最後までぶら下がっていられた人が勝ち

動
わきをしめて
腕は曲げる
静
両膝を胸に
くっつける気持ちで
なるべく速く
足踏み

指先まで慎重にコントロールする

- 体のすみずみまで意識して動かす
- 心を落ち着けて集中する

カカシの警備員

観察力 **空間認知力** **コントロール力**

誰かに見られていなければ動ける魔法の国のカカシになる。畑の果物を食べに来て、眠ってしまったクマから果物を取り返そう。

カカシ役（子ども）とクマ役（大人）にわかれる。クマ役は果物を持って眠っているふりをする。カカシ役はクマが眠っている間に、ケンケンして近づく。クマが起きたときは、カカシは片脚でピタッと止まる

静
足音が聞こえた
気がするなぁ

慎重さや正確性が求められる運動遊びには、心身をコントロールする力を育てる効果があります。指先まで意識する集中力も身につきます。

あまのじゃくジャンプ

思考力 **判断力** **集中力** **ジャンプ力**

いわれたことと反対のことをしてしまう妖怪《ようかい》、「あまのじゃく」がとりついたという設定。指示役が「右」といったら左に、「前」といったら後ろに１回ジャンプする。

できれば３人以上でおこなう。指示する役と跳ぶ役にわかれる。２人以上で跳ぶなら 30 ～ 50cm 間隔で横に立つ。指示者が前後左右で跳ぶ方向を指示したら、反対の言葉をいいながら反対方向に跳ぶ

注意

２人以上では、どちらかが跳ぶ方向を間違えるとぶつかる可能性がある。けがをしないために、小さなジャンプから始める。

ジャンプだけでなく、指示と「反対」に集中するので「静」になる

指先まで慎重にコントロールする

一本橋クマ

バランス力　抑制力　集中力　空間認知力

川やがけの向こうにある好物を取るために、
唯一かけられた一本橋をクマになって渡る。

チャレンジ

けがをしたクマが薬草を取りに行くイメージで、片脚クマ歩きで挑戦すると難易度が上がる。

静
紐やテープなどで
幅を決める
10～15cm

一本橋をクマ歩きで落ちないようにゆっくり渡る。橋の向こう側にクマ（子ども）の好きな物を置いておく

ツイスターモグラ叩き

体幹の力 **バランス力** **空間認知力**

次々に出てくるカラフルなモグラを、手足で叩いて退治するイメージでカップにタッチする。集中して体を正確に動かすので「静」の運動遊びになる。

床にカラーカップを並べる。大人は左右の手足と何色をタッチするか指示する

ポイント

初めは子どもの近くの色を指示し、徐々に目いっぱい手足を伸ばさないと押さえられない色を指定する。一度触ったカップには触れないという決まりで難しくすると、記憶力も鍛えられる。

ストレッチで体のクールダウン

- 心と体の興奮を静める
- 疲労が残りにくくなる

ストレッチは運動遊びの仕上げにピッタリな動きです。運動による興奮からのクールダウンや、疲れをほぐすマッサージ効果も期待できます。

脚のストレッチ

足踏みやジャンプなどの要素が入った遊びの後には脚のストレッチをしよう。

片脚を正座するように曲げ、もう一方の脚をまっすぐ伸ばして仰向けに寝ると、太ももの上側が伸びる。

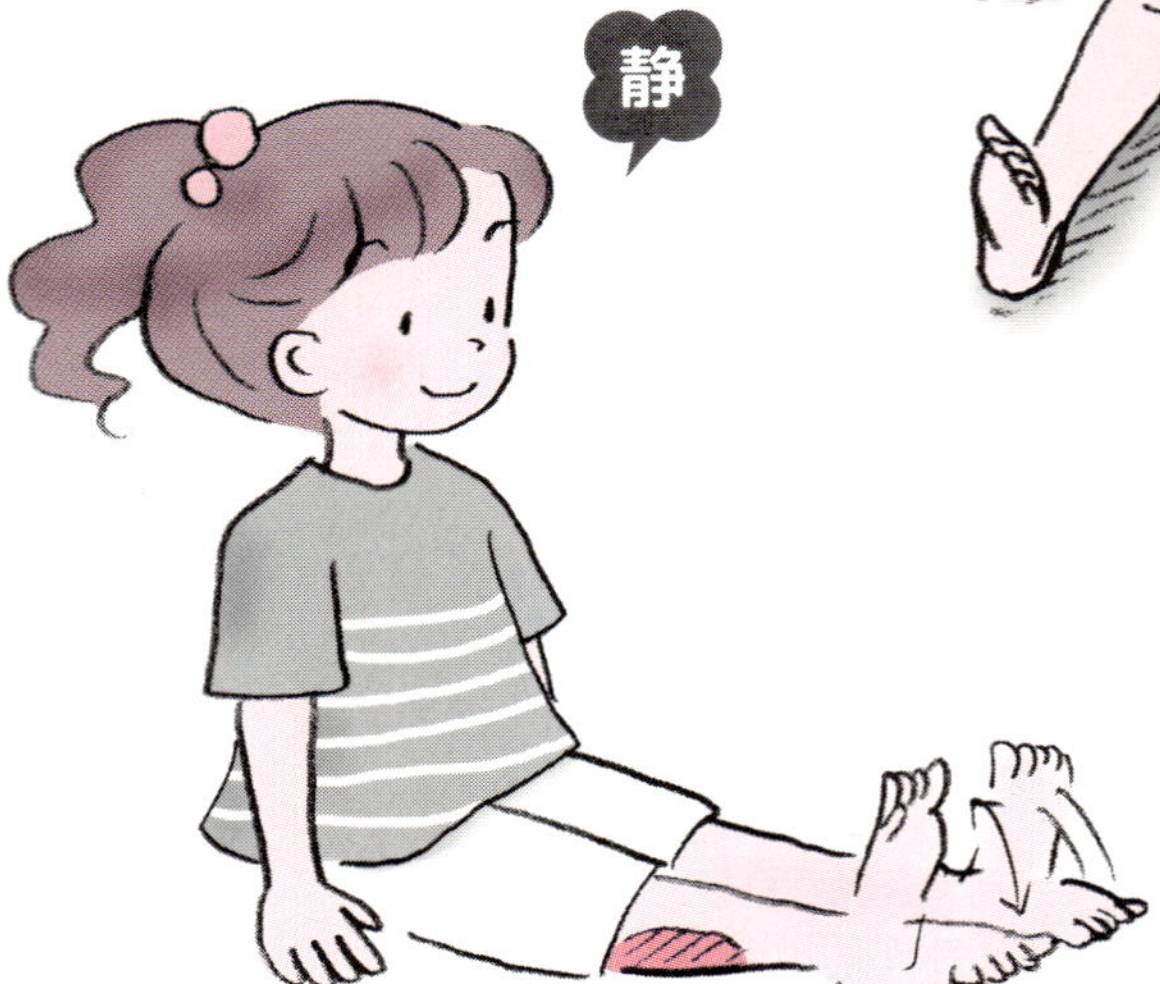

両脚をまっすぐ伸ばして座り、足首を曲げ伸ばしすると、すねの筋肉が伸びる

腕のストレッチ

ぶら下がったり、体を支えたりする遊びの後には腕のストレッチを。特に普段の生活で使っていないので、筋肉痛になりやすい。片方の腕をまっすぐ伸ばし、右図のように手のひらを体のほうに向け、指先を体のほうに引っ張る。また、手のひらを外側に向けて、指先を体のほうに引っ張ると、腕の下内側が伸びる。

二の腕を伸ばすなら、耳の横にまっすぐ手を上げてから肘を曲げ、曲げた肘を逆の手で軽く引っ張るようにするとよい

息を吐きながらゆっくり伸ばす

筋肉を伸ばせば、血液の流れがよくなり、心身ともにリラックス効果を得られます。

伸ばしたい筋肉を意識して、息を吐きながらおこなうのが基本。一つのストレッチにつき、三〇秒ほどかけて伸ばしましょう。

片づけを遊びにして心を静める

運動遊びで使った道具があれば「片づけ」で締めくくるとよいでしょう。自然と気持ちも落ち着くので、次の活動に移りやすくなります。

- 物を片づける位置がわかる
- 遊びが終わることを理解させる

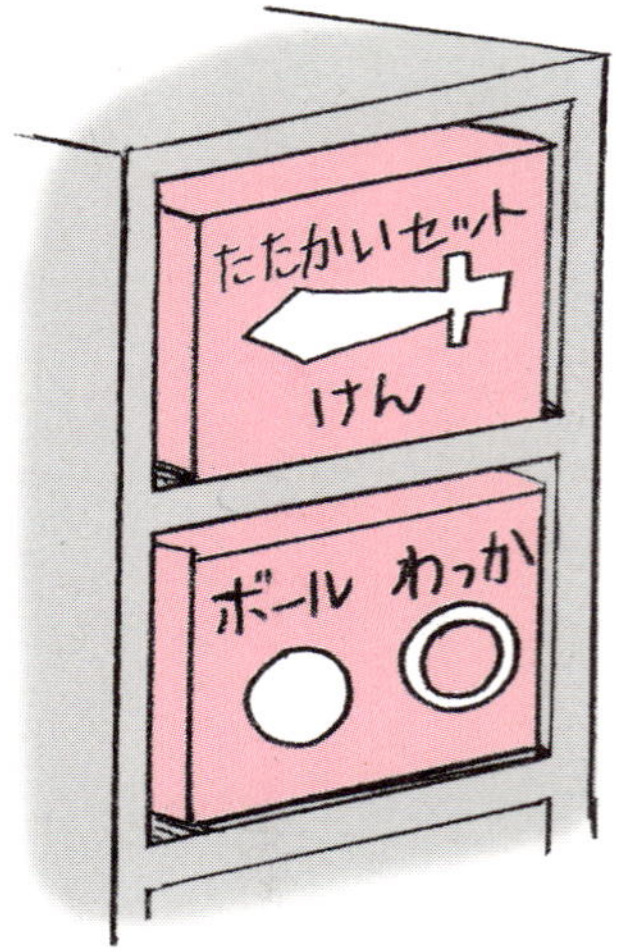
たたかいセット
けん
ボール
わっか

大変！　ステッキを片づけないと魔法使いだってばれちゃう！
静
隠さなきゃ
まほうセット
ステッキ

忍者や魔法使いという正体は、秘密にしないといけないよといえば、片づけやすい

写真や絵で物を片づける場所を示す

発達障害の子は、文字よりも写真や絵で説明したほうがわかりやすい傾向があります。

片づける場所に写真やイラストを貼り、ゲーム感覚で片づけると立派な遊びになります。

3章 一人ひとりの特性に合った運動遊び

発達の遅れがあるといっても、表れ方は人それぞれ。
なぜそうした特性が表れるのかを
考えていけば、子どもに合った運動遊びが見えてきます。
２章の運動遊びの動か静の運動の代わりにしたり、
日常の中にプラスしておこないましょう。

ケース

友達とうまく関われるようになった

衝動性が強く、がまんが苦手だったBくん。友達ともうまく遊べなかったのですが、少しずつ遊べるようになりました。

Bくん（小学３年生）

- ADHD 傾向
- 療育プログラム歴：９ヵ月

じっとしていることが苦手で、学校での集団行動もできませんでした。

1

赤ちゃんのころは眠るのが遅く、かんしゃく持ちでしたが、あまり目立つ特性はなかったＢくん。

2

保育園の後半ごろから友達とのトラブルが多くなり、小学校に入学したころには、毎日のようにトラブルを起こしていました。

3

毎回お母さんの注意は真剣に聞いて「わかった」と答えてくれますが、すぐ忘れてしまうのか、翌日も同じことをくり返します。

4

２年生になって転校すると、さらにトラブルはひどくなり、授業中に脱走することも。お母さんはスクールカウンセラーに相談し、発達検査を受けさせたところ、Ｂくんには ADHD の傾向があるとわかりました。

絵を描くのが得意なＢくん。休み時間に描いているマンガを見に、クラスメイトが集まることも

5

そこで、以前から気になっていた「運動で脳を育てる」という柳沢運動遊び・療育プログラムをおこなっている教室に参加。同時に医療機関を受診し、服薬も始めました。

6

その結果、友達とのトラブルが激減。落ち着いてきて、授業中の脱走もなくなりました。休み時間も、友達と遊んでいるようです。

療育で覚えたダンスを、自宅でも音楽に合わせて踊るようになりました

保護者の声

週１回の運動遊びでも人が変わったように落ち着いた

毎日のトラブルで悩んでいたところ、柳沢運動遊び・療育プログラムを知り、ぜひ息子にやらせたいと思いました。運動で脳を育てるという方針が、息子に合っていると直感して始めましたが、十分な効果が表れて嬉しく思います。

発達障害による特性の表れ方を知る

発達障害の子は、成長のスピードには遅れが見られるものの、段階として踏む発達過程は定型発達の子どもたちと大きな差はありません。

脳も体も未発達な部分が多い

まだ脳が成長しきっておらず、未熟なために体や生活に影響が表れます。また、脳全体がバランスよく一気に成長するわけではないため、そのアンバランスさからさまざまな変化が出やすくなります。

日常生活での表れ方

- キレやすい
- 落ち着きがない
- 眠れない
- こだわりが強い
- 言葉が遅い

社会生活での表れ方

- コミュニケーションが苦手
- 集団生活が苦手
- 友達と遊べない
- 順番が待てない
- 人のいうことがわからない

身体面での表れ方

- 指先が不器用
- 姿勢が崩れがち
- 物の位置が認識しづらく転びやすい

動きのぎこちなさは協応運動の苦手さによる

協応運動とは二つ以上の筋肉を使う、要素の異なった運動を組み合わせた運動です。発達障害の子は、体のすみずみまで意識して動かすことが苦手です。そのため、複雑な動作になるほど、動きがぎこちなくなるのです。

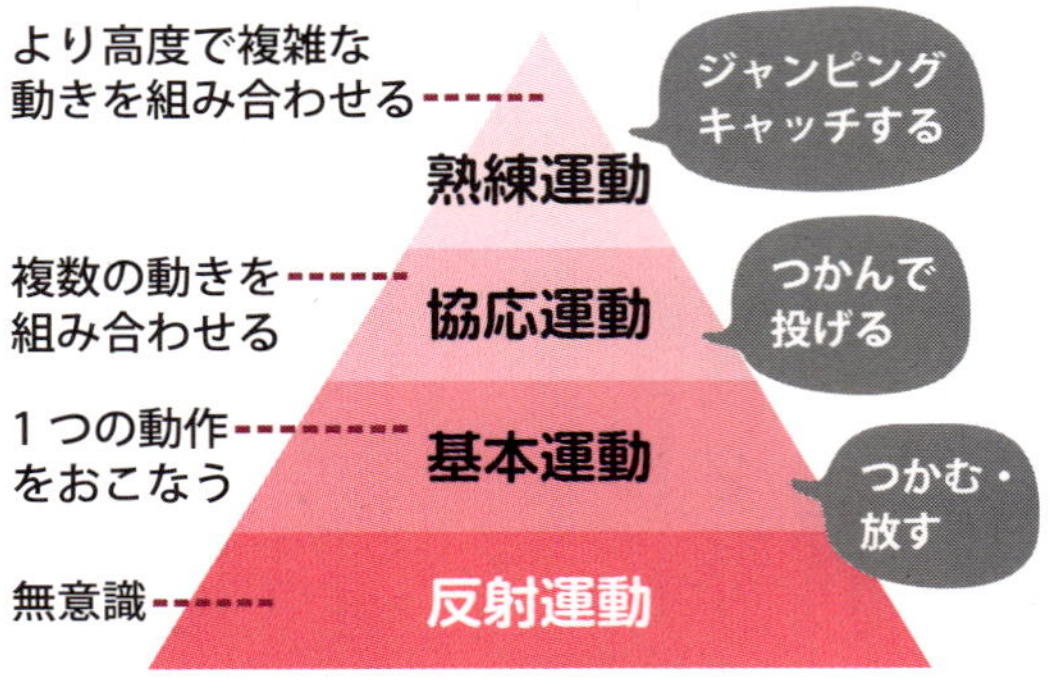
より高度で複雑な動きを組み合わせる
熟練運動
ジャンピングキャッチする
複数の動きを組み合わせる
協応運動
つかんで投げる
1つの動作をおこなう
基本運動
つかむ・放す
無意識
反射運動

経験を通して発達していく

発達障害の有無にかかわらず、子どもは自分の経験をもとに成長していきます。定型発達の子でも、経験が不足しているとできないことが多くあります。発達障害のある子でも経験が豊かであればできることが増えます。

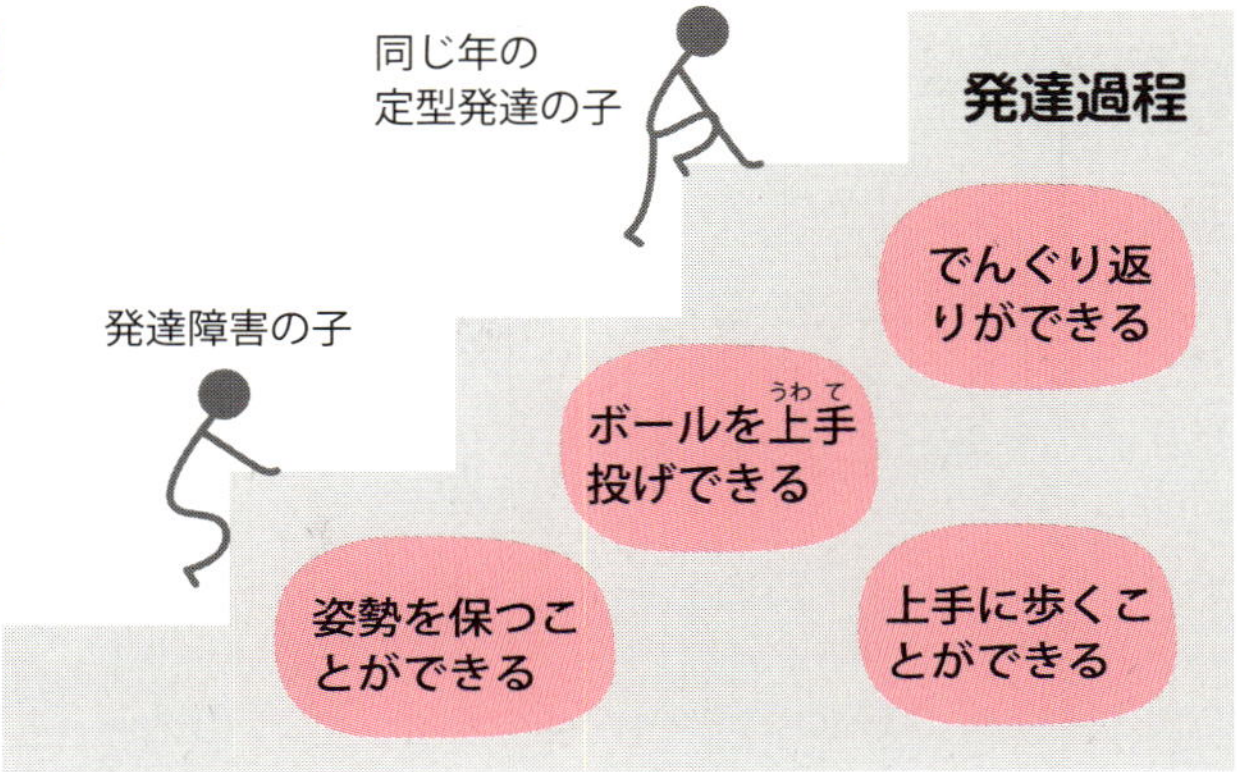
発達過程
同じ年の定型発達の子
発達障害の子
でんぐり返りができる
ボールを上手《うわて》投げできる
姿勢を保つことができる
上手に歩くことができる

成長スピードは遅くても、しっかりと段階を追って育てることが大切

✕ 発達障害だからできない

○ 経験が不足しているからできない

時間に個人差はあるが、確実に発達していく

できた
一つひとつ身につける
できた
できない

経験を重ねてできるようになる。できるまで楽しく続けられる工夫が必要

脳と体が発達すると特性が目立たなくなる

人がある目標を果たすために、順序立てて課題をクリアしていく力を「実行機能」といいます。

実行機能は認知機能とも呼ばれ、なにかを理解したり、判断したり、感情を抑制するときに必要な機能です。その中心を担っているのが脳の前頭前野です。じつは、発達障害の有無にかかわらず、一〇分程度の軽い運動をおこなえば、この前頭前野の血流が増えることがわかっています。

最近の研究では、前頭前野に血流が増えると認知機能が向上することもわかっており（→P90）、運動遊びでもその効果が実証されています。

衝動性を遊びのテンションに変える

発達障害の子は気持ちをコントロールする力が弱く、トラブルを起こしがち。不満などが原因の興奮は、体を使って発散させましょう。

がまんやイライラが衝動のもと

嫌なことや不快なことが積み重なると、神経が興奮してしまい、それが限界を超えると衝動的な行動となって表れます。

がまんしたのに誰も認めてくれない
ほかの子にからかわれた
がんばったのに叱られた

頭の中の状態
興奮
今にも溢れそうなほど興奮（イライラ）が溜まっている

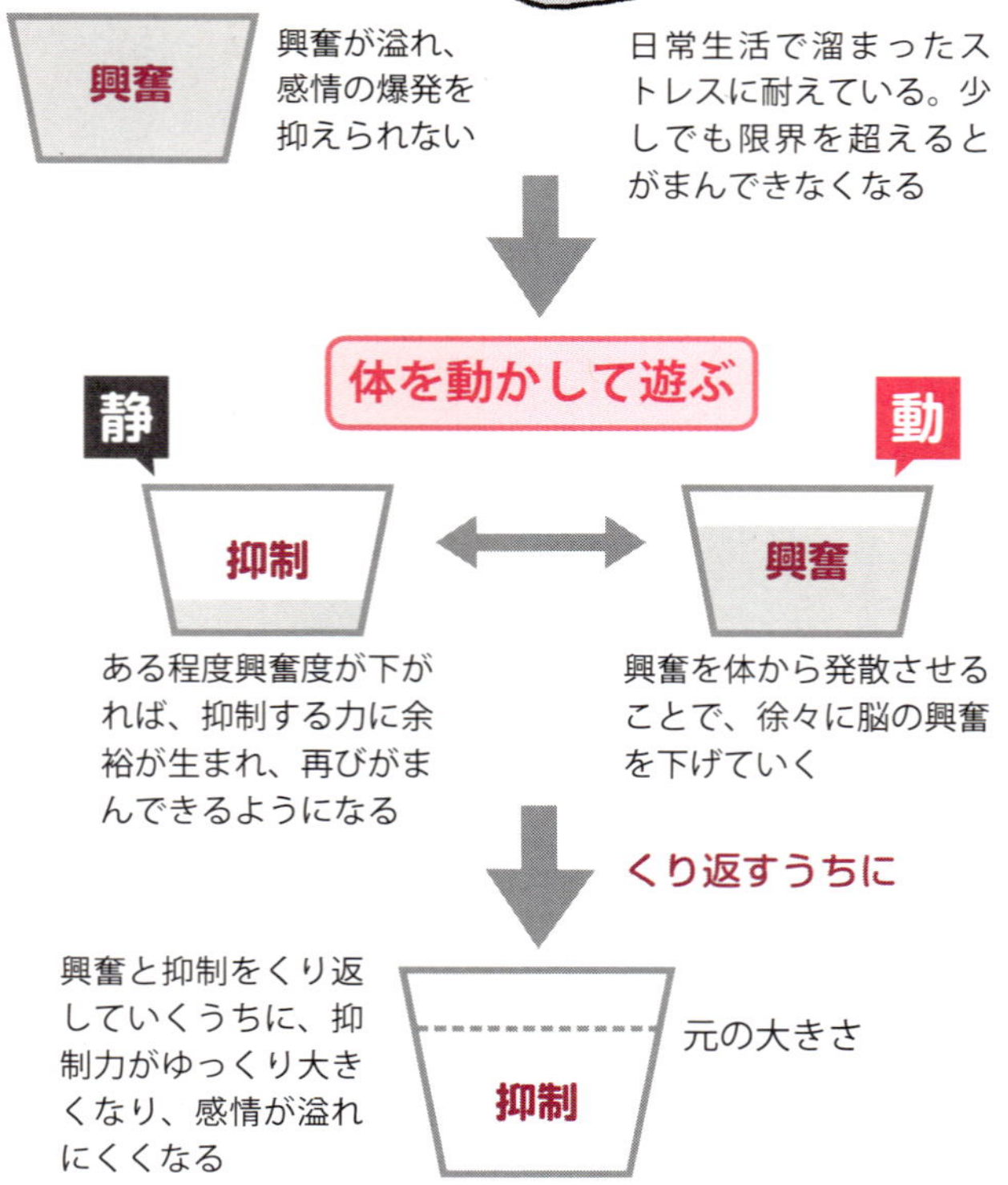
無理に抑えこむと？
興奮
興奮が溢れ、感情の爆発を抑えられない
日常生活で溜まったストレスに耐えている。少しでも限界を超えるとがまんできなくなる
体を動かして遊ぶ
静
抑制
ある程度興奮度が下がれば、抑制する力に余裕が生まれ、再びがまんできるようになる
動
興奮
興奮を体から発散させることで、徐々に脳の興奮を下げていく
くり返すうちに
興奮と抑制をくり返していくうちに、抑制力がゆっくり大きくなり、感情が溢れにくくなる
元の大きさ
抑制

興奮を「動」で発散させて「静」で締めくくる

興奮状態のときは無理に抑えつけず、楽しい遊びで興奮を発散させるとよいでしょう。脳の興奮を体を動かすことで発散するのです。

その後は静かな活動を入れます。動と静をくり返すうちに、抑制力が確実に身についていきます。

左のような、興奮を抑えつつ相手に合わせて心身をコントロールする運動遊びは、抑制力のほか、社会性が育つことも期待できます。

おすすめ 貨物列車ごっこ

身につく力

- 集中力
- 抑制力
- 心と体をコントロールする力
- 社会性

こんな子にもおすすめ

- 会話が苦手な子ども

1 ２人で前後に立ち、おなかと背中で風船を挟む。相手の動きに合わせながら、ゴールの箱まで落とさずに運んでいく

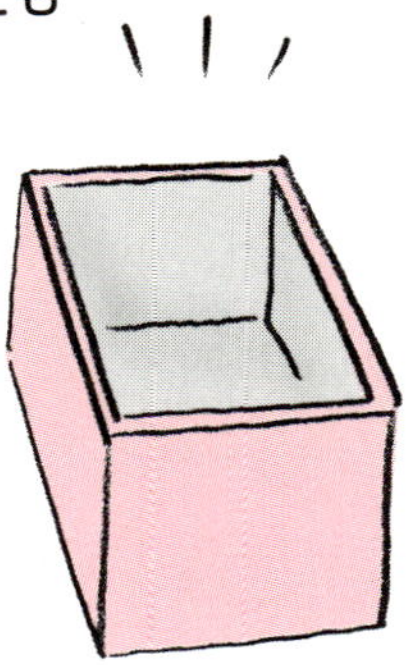

2 ゴールの箱まで運べたら、手を使わずに風船を中に入れる

アレンジしよう

1 をアレンジする

- 背中合わせに立って、背中で挟む。
- 隣に立って横腹で挟む。
- 向かい合わせに立って、おでこで挟む。
- カニ歩きで横に進む。
- 人さし指でボールを支えて進む。

もっと遊ぼう

指先風船運び

風船を指先だけで支え、落とさないように１人で箱まで運ぶ。両手、片手、指２本など、運び方によって難易度が変わる。

スタート＆ストップ

「スタート」でスキップを始め、「ストップ」でそのポーズのままピタッと止まる。スキップをケンケンや動物ごっこなどに替えてもよい。

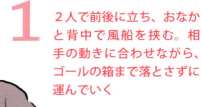

まねポーズで体の芯をつくる

長時間姿勢が保てない子や、背筋をぴんと伸ばせない子が多いのも発達障害の特徴です。姿勢を維持するための筋肉を育てましょう。

同時に2つのことはできない

発達障害の子は同時に複数のことを意識するのが苦手です。脳の命令で一度は姿勢を正せても、ほかに意識が向くと、姿勢反射が働かず、姿勢が崩れてしまいます。

猫背になるのは勉強に
意識が向いているから

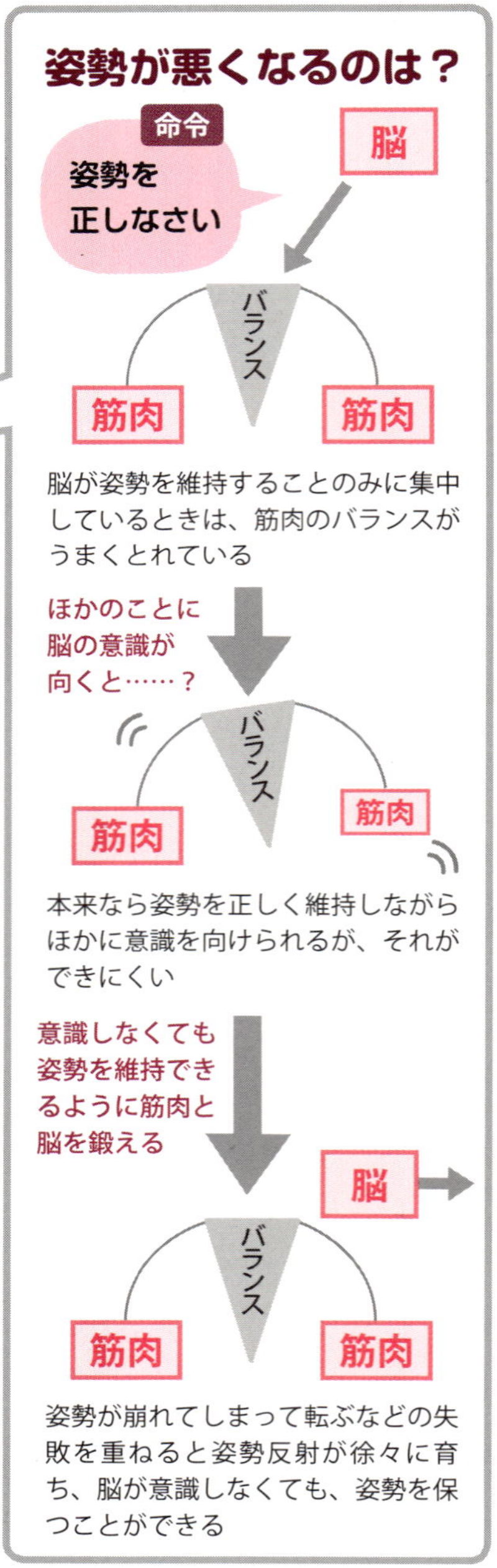
姿勢が悪くなるのは？
命令
姿勢を正しなさい
脳
バランス
筋肉
筋肉
脳が姿勢を維持することのみに集中しているときは、筋肉のバランスがうまくとれている
ほかのことに脳の意識が向くと……？
バランス
筋肉
筋肉
本来なら姿勢を正しく維持しながらほかに意識を向けられるが、それができにくい
意識しなくても姿勢を維持できるように筋肉と脳を鍛える
脳
バランス
筋肉
筋肉
姿勢が崩れてしまって転ぶなどの失敗を重ねると姿勢反射が徐々に育ち、脳が意識しなくても、姿勢を保つことができる

不安定な姿勢での遊びがバランス力をつくる

私たちがある一定の姿勢を保つには、姿勢反射という全身の筋肉をバランスよく調整する働きが不可欠です。

発達障害の子は、姿勢反射が未熟なため、姿勢が崩れやすいのです。わざとバランスを崩しやすい遊びをくり返すと、姿勢反射が鍛えられ、姿勢が改善されます。

おすすめ アヒル歩き

両脚を大きく外側に開いてしゃがむ。つま先からかかとまで、足の裏をべったり床につけて歩く

動
前を見る
背すじを伸ばす
脚を大きく左右に開く
かかとは床につける

身につく力

- 体のバランスをとる力
- 体を思いどおりにコントロールする力
- 脚や体幹の筋力

こんな子にもおすすめ

- 転びやすい子ども
- 動きを止めるのが苦手な子ども

レベルアップ

Level1 つま先アヒル歩き
かかとを上げてつま先立ちでアヒル歩きをする

Level2 つま先アヒルダッシュ
つま先アヒル歩きで走る。2人以上で競走すると楽しさが増す

Level3 つま先アヒルのカニ歩き
つま先アヒル歩きで横歩きをする

もっと遊ぼう

焼きイモごろごろ

両手両脚を伸ばし、体をまっすぐにして転がって進む

膝もまっすぐ伸ばす
肘を伸ばしてバンザイする
手を見る

がまんよりも場面転換のほうが集中力が育つ

落ち着きなく動き回る子を、無理におとなしくさせるのは逆効果です。気持ちを上手に切り替えてあげれば、集中力がつき、落ち着きが出ます。

切り替える力が長い集中力に育っていく

動きがなかなか止められない子の場合、複数の運動遊びを組み合わせて、どんどん切り替えていく場面転換が効果的です。

動と静の運動遊びで短い集中を交互にくり返すことで、集中力を育てます。一日一〇分程度遊ぶだけでも、落ち着きが出てきます。

多すぎる情報をカットできない

目に入った物に意識がいきがち。新しい情報がたくさんある場所では、興奮して体が動いてしまいます。

どうしても動きを止められない

脳が興奮して体をうまく制御できず、衝動のままに動いてしまう。

興味の対象が次々に移る

初めて見たものや好きなものなど興味の対象が移りやすく、話に集中できない。

カッとなりがち

恐怖や不満などで気持ちが高ぶると、一瞬にして興奮し、手が出やすい。

危険予想力が低く危ないことをする

物事の判断力が未熟なため、何が危険かを理解できない。

こんな組み合わせも

動：片脚クマ歩き競争 → 静：絵本を読む → 動：つま先アヒルダッシュ → 静：カンガルーのお使い → 片脚クマ歩き競争

おすすめ ハチハチゲーム

1 大人がハチ役になり、子どもはハチから逃げる

2 ハチに刺されない安全地帯を決めておく

3 安全地帯に逃げ込み、座って息をひそめる。立っていたらハチに刺されてしまう

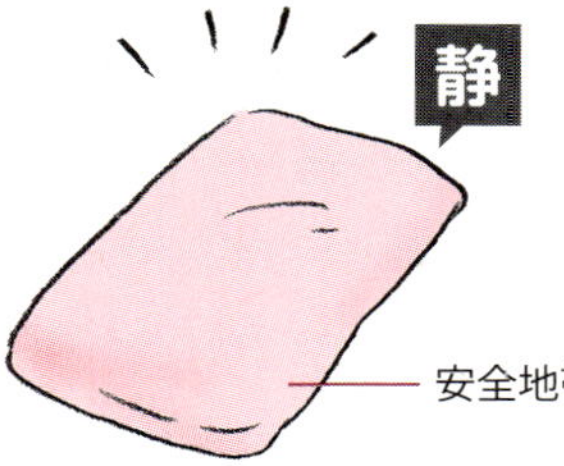

4 安全地帯で30秒以上刺されずにいられたら、今度はハチを追いかける役になる。「手にハチをやっつける薬がついてるよ」といって、ハンターをイメージさせる

アレンジしよう

逃げ方をアレンジする
クマ歩き、カンガルージャンプなど。

2 をアレンジする
逃げる直前に安全地帯を指定する。

3 をアレンジする
うつ伏せ、膝立ち（木のまね）。

身につく力
- 体をコントロールする力
- 落ち着き
- 理解力
- 判断力

こんな子にもおすすめ
- 物の位置関係がつかみにくい子ども

こだわりを生かしつつ、ごほうびをあげる

こだわりの強い子は変化に弱く、その場に合った対応が苦手です。相手の予想外の動きにす早く対応するような運動遊びを取り入れましょう。

「次」のことを想像できればこだわりは弱くなる

こだわりの原因は、適応力が弱く、想定外のことに対応できず、かたまってしまうからです。

自分で次に起きそうなことが予想できるようになれば、適応する力が育ちます。遊びは「次」をイメージしながらできるものがおすすめです。

ほめられることが最大のごほうび

運動遊びの効果は、ほめられる機会が増え、自分に自信が持てるようになることです。

一番であることにこだわりがある子なら「静かに座れた子が一番」など、こだわりを生かしてほめるとよいでしょう。

表れるこだわりはさまざま

手順
家までの道順や寝るまでの手順など細部までこだわる

配置
物の並べ方や置く場所などの「定位置」にこだわる

習慣
○○するのは×時でないといけないなど、毎日の習慣にこだわりがある

勝敗
ルール違反をしてまで、〝１位〟や勝つことにこだわる

食事
野菜が嫌い、白米が嫌いなど偏食が激しい。栄養不足に陥りやすい

学習
図形や漢字などにこだわりが強く、特定分野の知識が豊富

↓

危険でなければ
無理に矯正《きょうせい》しなくてもよい

おすすめ 宝取りゲーム

1 2チームにわかれて、それぞれの宝を用意する

身につく力

- 社会性
- 状況判断力
- 瞬発力

2 それぞれのチームの宝を取りに行く。相手チームの陣地に入ってタッチされると捕まる（自分のチームの陣地は安全地帯）

こんな子にもおすすめ

- 集団遊びが苦手な子ども

3 捕まらずに相手チームの宝を自分の陣地に持ってこられたら勝ち

動

宝を守っている
クマチームの陣地
取りに行こうとしている
陣地分け線

ネコチームの陣地

アレンジしよう

2をアレンジする

4人以上の複数人で遊ぶときは、相手の陣地で捕まっても、仲間がタッチすれば動ける。

3をアレンジする

- 相手チームの宝を取った時点で勝ち。
- 宝を陣地内に隠してもよい。
- 攻める時間と守る時間をわけておく。

もっと遊ぼう

宝集めゲーム

中央に置いた宝を3m離れた自分の陣地に3つ集めたら勝ち。相手の陣地から宝を取ってもかまわない。宝の数は遊ぶ人が2人なら5つ、3～4人なら7つにする。3つ集まったら審判が終わりの合図をする。

A陣地
3m
宝
3m
B陣地

遊びのなかでタッチして慣れさせていく

抱っこを嫌がったりする子には肌の感覚過敏があると考えられます。楽しさでごまかしながら、ふれ合い遊びを実践し、解消しましょう。

ポジティブな記憶を使い少しずつ改善していく

人に触られることが苦手な子の場合、二人一組でおこなう運動遊びを通じて、手や足がふれ合う経験を少しずつ増やしましょう。

触られることで、新しい技ができたり、ゲームに勝てたりすると、その成功体験から、触られることに慣れていきます。完全に平気になるわけではありませんが、がまんできる範囲が広がります。

ほかの子よりも苦手なものが多い

発達障害の子は、あらゆる感覚において特定の刺激に過敏な反応を示すことがあります。反対に、感覚が鈍く、けがに気づきにくい子もいます。

視覚
蛍光灯などの明るさでもストレスを感じることがある

聴覚
特定の音や大きな音が苦手。離れた場所の音にも反応する

味覚
刺激の強い物が食べられない。味にも繊細で偏食《へんしょく》になりがち

嗅覚
トイレなど、嫌な臭いがする場所には極端に近寄れない

温度
過度に暑がりで真冬でも薄いシャツを好む。真夏でも汗をかかないなど、感覚が鈍い子も多い

触覚
皮膚《ひふ》感覚が敏感で、特定の素材を使った服しか着ない

自傷は自分で感覚を刺激するための行為

壁に頭を打ちつけるなどの自傷は、鈍い体の感覚を刺激するための行為です。やめさせるときは、安全を確保し、ほかに注意を向けさせましょう。

おすすめ 2人で救急車クマ

1 けがをしたクマの脚を救急車役の大人が持つ

2 「病院」をゴールに設定し、けがをしたクマのペースで進む

身につく力

- 社会性
- 集中力
- 体のバランスを取る力
- 支える力

注意

子どもが大人の脚を持つときは、脚を脇の下で挟む

体格差が大きい場合、顔を蹴られる危険がある

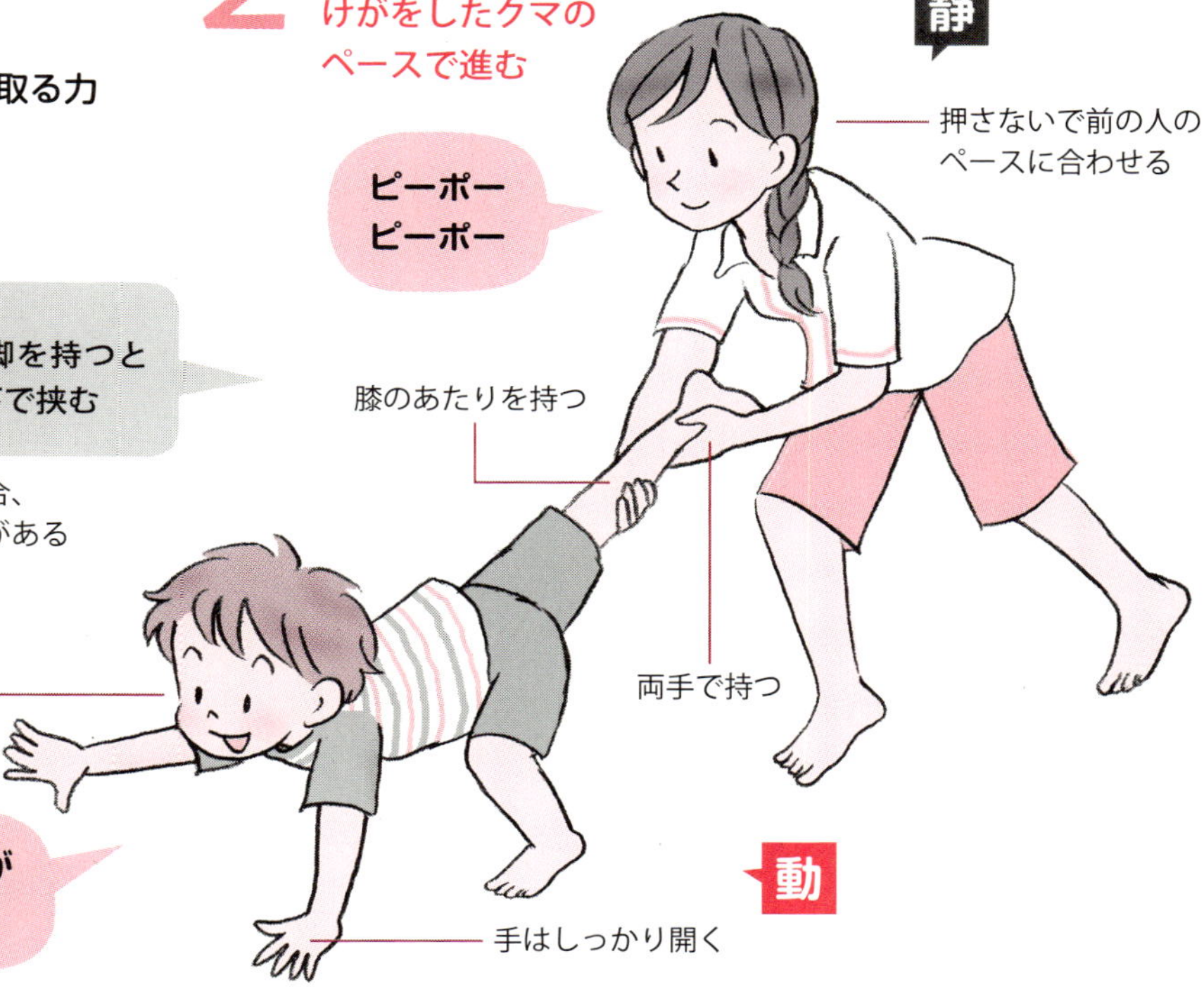
静
押さないで前の人のペースに合わせる
ピーポー
ピーポー
膝のあたりを持つ
両手で持つ
前を向く
救急車が通るぞ
動
手はしっかり開く

もっと遊ぼう

手押し車でおうちづくり

救急車クマで両脚を持ち上げ、腕だけで進む。背中に積み木やブロックなどをのせて運び、家をつくる。

スキップメリーゴーランド

図のように肘を曲げて腕を組み、音楽に合わせてスキップで、メリーゴーランドのように回転する。

手を開く力がつけば細かな動きもできるように

箸や鉛筆をうまく持てないほど、極端に指先の不器用な子がいます。指先を思いどおりに動かすには、まず手を開くことから始めます。

手のひらを大きく動かせば、指先にも力が入りやすい

人間の体は頭や体幹などの中心から発達しはじめます。末端になる手足の指先は最も発達が遅い部分ということになるのです。

指先を動かすには、手をしっかり「握る」「開く」運動ができることが大前提。その上で、指先までしっかり意識して伸ばす、または握らなければできない運動遊びをおこなうことで、指先まで意識させて動かしましょう。

体は中心から発達していく

赤ちゃんは首の筋肉の発達をスタートとして、寝返りやおすわりなどの動作を順に身につけていきます。体の中心から末端に向かって徐々に発達していくのです。

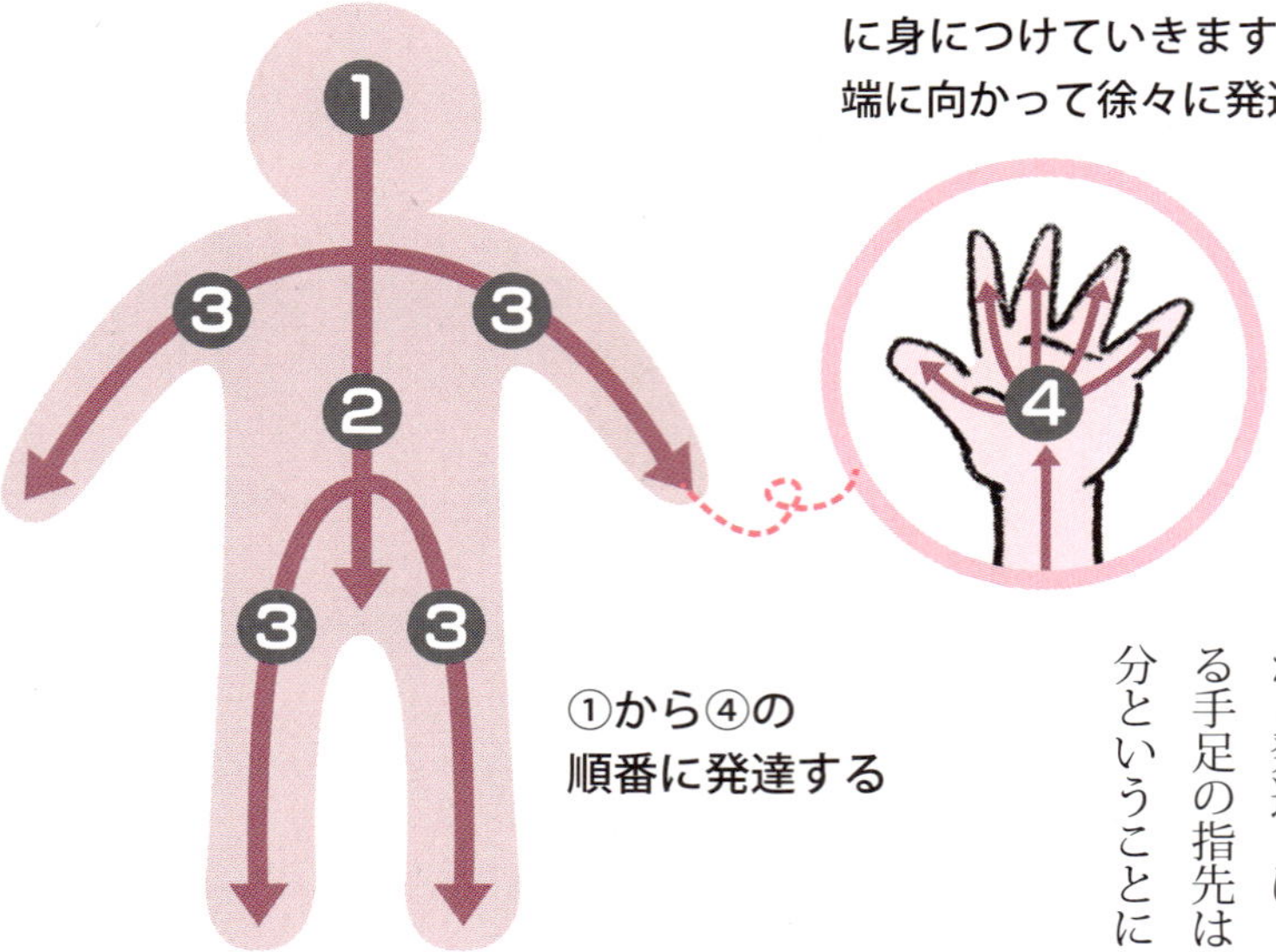

①から④の順番に発達する

①〜③が十分に発達していなければ指先をうまく操れない

チェック

子どもの手の動きを見てみよう

グーとパーをさせてみましょう。指先まで伸びたパー、指と手のひらの間にすき間がないグーができていなければ、左ページの運動をしてみましょう。

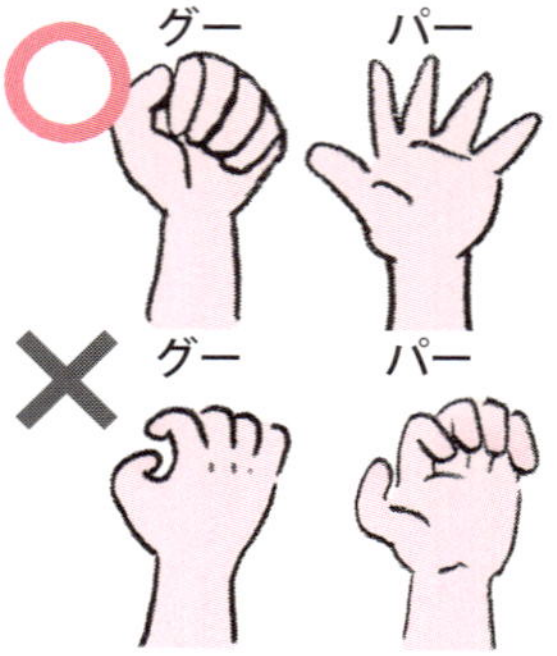

おすすめ 線路グーパー

身につく力

- 集中力
- 体のコントロール力
- 指先の力

1 縄や紐などを２本用意して平行に並べ、線路に見立てる

2 グー、パー、グー、パーの順で線路を踏まないように進んでいく

アレンジしよう

2をアレンジする

- 手と足の動きを逆にする（手はパーで足はグー、手はグーで足はパーなど）。
- 後ろ向きでおこなう。
- ２人がそれぞれの線路の端からスタートし、相手の陣地を目指す。出会ったらジャンケンし、勝ったら進み、負けたらスタートに戻る。

もっと遊ぼう

クマ歩き（→ P30）

手をしっかりパーにしてべたっと床につくことで、手を開く力がつく。

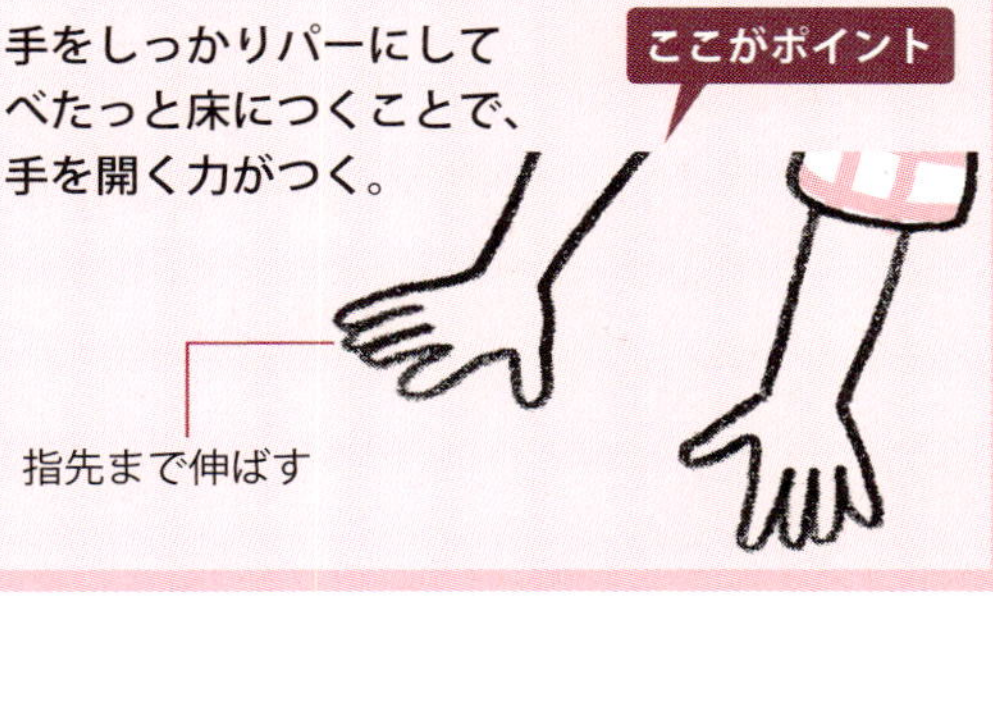

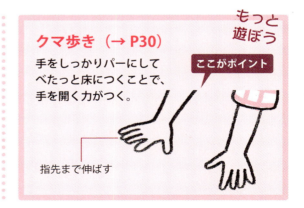

最初は大人が気持ちを言葉にしてあげる

発達障害の子には、うまく友達と遊べない特性もあります。気持ちが伝えられないのが理由のひとつ。最初は大人が仲立ちしてあげましょう。

相手の気持ちを理解するのが苦手

相手の立場になって考えることが苦手です。表情や雰囲気から気持ちを読み取れず「空気が読めない」といわれることもあります。

出し抜けに話してしまう

空気が読めない
共感することが苦手
気持ちが読み取れない
一方的にしゃべってしまう
自分の気持ちをうまく表現できない

うまく会話ができない
会話が成立しにくい

Bくんは××されて嫌だったんだね
Aちゃんは○○したかったんだね

子どもの気持ちを代弁

大人が代弁することで、表情と気持ちが結びつき、しだいに表情から気持ちを想像できるようになる。

自分の感情を言葉から身につけていく

共感力の発達に遅れがあると、相手の気持ちが理解できず、自分の気持ちもうまく言葉で表現できないため、コミュニケーションをとることが苦手です。また、意思疎通《そつう》がうまくいかないために、社会性の弱い子も多く見られます。

共感力と社会性を身につけるためには、感情を表す言葉を身につけ、言葉や表情から相手の気持ちを想像する練習が必要です。

最初は大人が仲立ちをして双方の感情を説明してあげれば、経験を積んで、しだいに相手の気持ちを想像できるようになります。

おすすめ 気持ちあてゲーム

身につく力

- 想像力
- 社会性
- 記憶力
- 判断力
- 気持ちをコントロールする力

こんな子にもおすすめ

- 言葉の遅い子ども

1 問題を出す人と答える人にわかれる

2 問題を出す人は表情と身ぶり、手ぶり、擬音《ぎおん》などで喜怒哀楽を表現する

静

3 5回問題を出したら問題を出す側と答える側を交代する

もっと遊ぼう

表情カルタ

1. 喜怒哀楽の表情をした人の写真や動物のイラストなどを用意し、床に並べる。
2. 「悲しい顔」「嬉しい顔」などの問題を出して、少し離れた場所からカンガルージャンプで写真を取りに行かせる。
3. 慣れてきたら表情の種類を増やす。

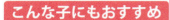

まね遊びが言葉のイメージをふくらませる

動物になるなどのまね遊びは想像をふくらませます。言葉が体験と結びつくことで、言語機能を改善することができます。

言葉はどうやって覚えるの？

1 物の使い方や役割を覚える

手で触ったり、目の前で動かしているのを見たり、声を聞いたりして用途から覚える。

大人　ハサミでチョキチョキしようね

子　見てるだけ

2 物に関連する「オノマトペ」を覚える

オノマトペとは擬音のこと。物を使うときを想像して音や動作をまねると、ミラーニューロンが働く。

子　チョキチョキどこー？

指でハサミの動きをまねする

3 物の名称を覚える

動作や音といったイメージと言葉が合致して初めて物の名前が記憶として定着する。

子　ハサミどこー？

まねをしなくても物の名前が出てくる

意味がわかれば言葉は話せる

子どもは物の使い方や役割などを、まねすることで理解し、言葉として覚えます。さらに、まねで言語野を刺激することで、言葉を話し、書く能力が育ちます。

言葉は体と脳で覚える

子どもは、身近な大人の身ぶりなどの動作をまねることで、言葉や感情表現を覚えます。

相手の動きをまねるときには、「ミラーニューロン」という神経細胞が活性化します。ミラーニューロンが多く存在するブローカ野は言語機能と深い関連があります。

おすすめ まねっこ歩き

身につく力

- 空間認知力
- 社会性
- 集中力
- 体をコントロールする力

こんな子にもおすすめ

- 会話が苦手な子ども
- 集団に入れない子ども

動
次はキリンのポーズで歩くのか……

大人は自由なポーズをとりながら移動し、子どもはまねをしながらついていく

アレンジしよう

- リーダーは動く前に言葉で次の動きを説明し、「せーの」で一斉に動く。
- フープや縄などで、進むコースをつくっておく。

もっと遊ぼう

操り人形ごっこ

向かい合って立ち、操る側と人形側にわかれる。人形側は操る側と同じ動きをする。慣れてきたら表情もまねする。

イメージ縄とび

大縄を跳んでいるところになぞなぞを出す。「赤い果物といえば」「緑の野菜といえば」など色などからイメージさせるとよい。

位置関係がつかめない

あえて転ぶ練習をさせてけがを防ぐ

脳の発達が未熟だと、位置関係がつかみづらく、転んだり、壁などにぶつかることがあります。あえて失敗させるのもひとつの方法です。

くり返し転ぶことで自然に手が出るように

人の運動神経はくり返し使うことで鍛えることができます。安全な場所で、左ページのようなあえて転ぶ練習をしておけば、危険を感じたとき、自然に手が出るようになり、大きなけがを防げます。

転ばない練習だけでなく、転ぶ練習をとおして、けがを防ぐ力を育てましょう。

脳の情報処理速度が遅い

状況に応じて体を動かすためには、目や耳から情報を集めて脳が判断し、全身の筋肉に命令を送る必要があります。

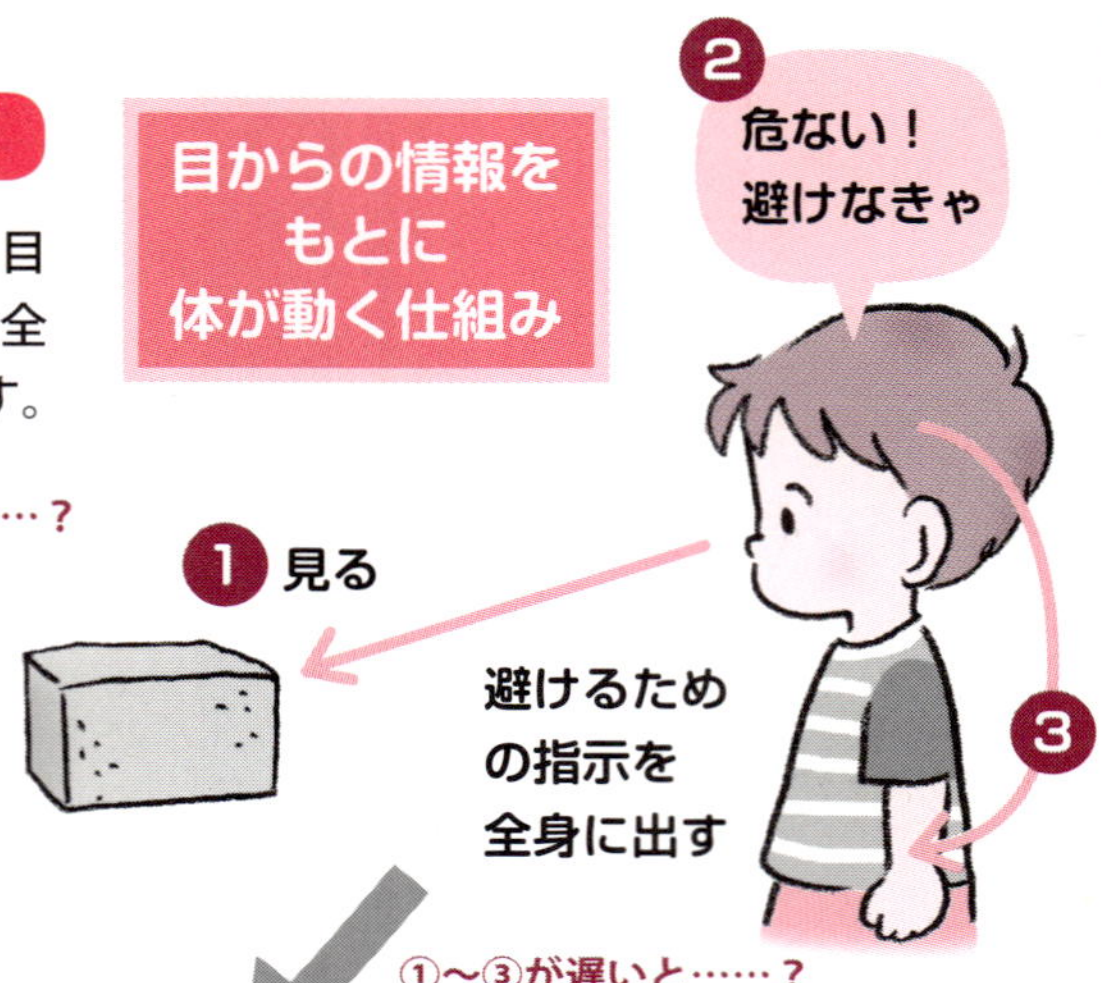

目からの情報をもとに体が動く仕組み
②
危ない！避けなきゃ
①見る
避けるための指示を全身に出す
③

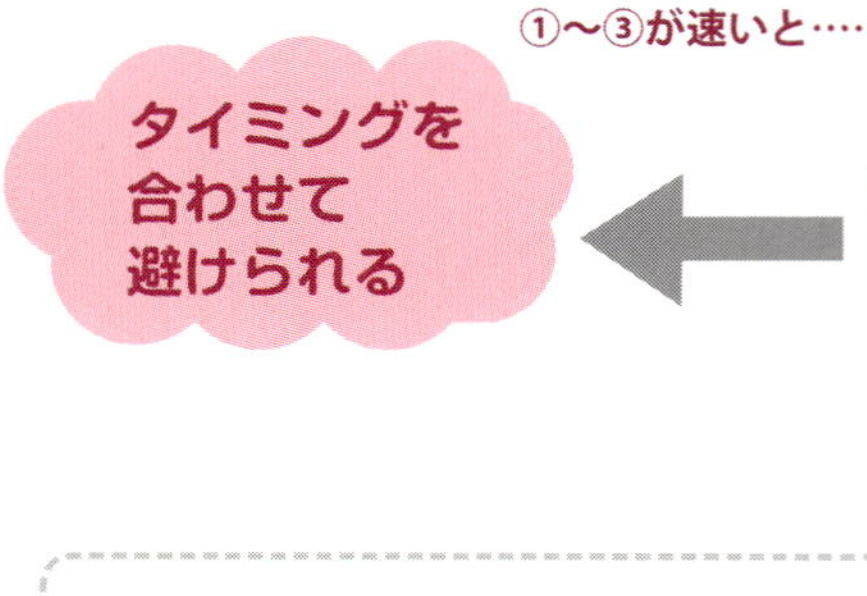

①〜③が速いと……？
タイミングを合わせて避けられる
①〜③が遅いと……？

けがをしやすい

自分の体の位置がどこにあるかがわかる体性感覚がうまく働かないため、つまずいて体が傾いていても手が出にくい。

- 転んだときに手がつけない

ぶつかりやすい

飛んでくる物や近づいてくる物の位置をうまく把握できず、避けることができない。

- 扉や壁にぶつかる
- 飛んできた物を避けられない

転びやすい

周囲の状況に注意を向けるのが苦手で、障害物や小さな段差に気づかなかったりする。

- 足元の障害物を避けられない
- 障害物に気づかない

位置関係は3つの感覚でつかむ

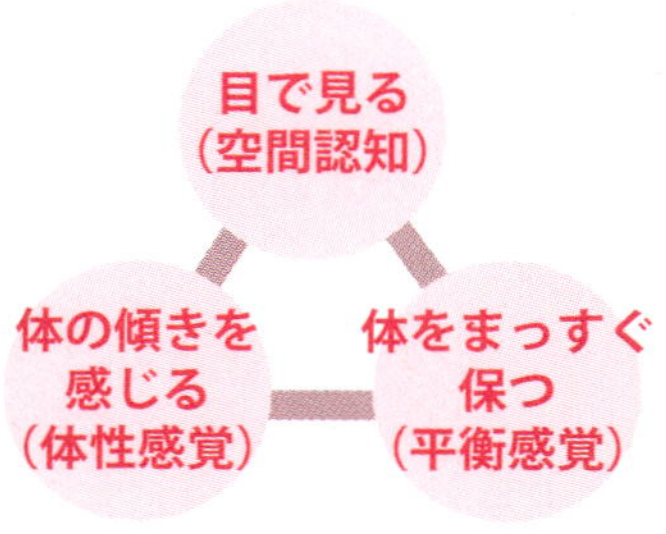

目で見る（空間認知）
体の傾きを感じる（体性感覚）
体をまっすぐ保つ（平衡感覚）

自分の体の状態と物の場所を正確につかみ、位置関係を理解する

おすすめ 膝立ちかけっこ

身につく力

- 体のバランス力
（体性感覚、平衡感覚）
- 空間認知の力
- 体を連動させて動かす力

1 布団やマットなど、転んでも痛くないものを用意する

2 「よーいどん」の合図とともに膝歩きで競争する

動
ほとんどの子が転ぶ
布団やマットを敷いておく
膝だけで歩く

3 先にゴール（マットの端）に到着したほうの勝ち

もっと遊ぼう

布団の代わりに毛布などでもよい。安全な場所であえて転ばせるのが目的

でこぼこアスレチック

折りたたんだ座布団、やわらかいボールなどを布団の下に入れ、障害コースをつくる（左図参照）。ゴールまでかかった時間を競う。

人間的《まと》あて

２mほど離れて膝で立つ。丸めた新聞紙などあたっても痛くない物を相手に向かって 10 回投げ、あたった数を競う。転んだら手をつき、すぐ膝立ちに戻る。

ゲームで友達と遊ぶ楽しさを体験させる

運動遊びの技術はあるのに集団活動が苦手な子は、大半が「恥ずかしい」「過去に嫌な思いをした」とメンタル面に課題があることが多いようです。

集団に入れない原因は？

遊びや運動をおこなう技術がない

「できない」から「参加したくない」と感じている

➡ 2章 の運動遊びで基礎的な力をつける

自分の思いどおりにならない

集団活動では、勝手に行動すると叱られるなど、がまんする機会が多い

➡ P66 を参考にがまんする力をつける

言葉や気持ちが理解できないため、興味が持てない

大人のいっていることを理解できず、何をすればよいかわからない

➡ P78 や P80 を参考にコミュニケーションの基礎をつくる

前に嫌なことがあり、トラウマになっている

人前で失敗したり、笑われた経験があるため、自信を喪失している

➡ 嬉しい体験などで自信をつけてあげる

すごい！
○○ちゃんに拍手！
みんなにほめられた！

お手本などを前でやらせて、ほめてあげるとトラウマが払拭《ふつしょく》されやすい

複数の友達と遊びながら競争する

集団活動が苦手な発達障害の子には、みんなで協力したり、複数人でわいわい遊ぶゲームがおすすめです。

とくに、全体で大きな盛り上がりができていると、失敗しても目立たないため、参加しやすくなります。

おすすめ

2人組でマットリレー

身につく力

- 協調性
- 集中力
- 判断力

1 2人1組になり、ぞうきんがけの要領でマット（タオル）の上に両手を置く

2 「よーいどん」でスタートし、目印の積み木で折り返してスタートまで戻る

動

3 マット（タオル）をバトン代わりにして次の人と交代する

アレンジしよう

1 をアレンジする

3人1組でおこなう。

2 をアレンジする

- 片脚で進む。
- 両脚ジャンプで進む。
- 積み木で2回転してから戻る。

もっと遊ぼう

一本橋でジャンケンどんっ

一本橋を落ちないように歩いていき、出会った場所でジャンケンする。負けたらクマ歩きでスタート地点まで戻る。先に相手のスタート地点にたどり着いたほうが勝ち。

ビニールテープなどで 15cm 幅の橋をつくる

コラム

園でできる柳沢運動遊び・療育プログラムの組み立て方

全体の流れをつくれば途中からでも参加しやすい

集団での運動遊びは、まず全体で「運動を楽しむ」流れをつくるとよいでしょう。柳沢運動遊び・療育プログラムは運動遊び①から⑧の順でおこなうのがベストです。①～③は運動遊びをおこなう勢いをつくりやすい遊びです。参加しない子がいても、無理にやらせる必要はありません。最初は参加しづらくても、雰囲気と勢いが盛り上がっていけば、発達障害の子も自然と参加しやすくなります。

運動プログラムをストーリー仕立てにする

運動遊びの①～⑧の動きをアレンジして、「ヒーローごっこ」などのストーリー仕立てにすると、流れがつくりやすくなります。

● 例

敵を発見して戦う（①）
敵が増えたため隠れる（②）
見つかって応戦（③、④）
攻撃と守備をしながら敵を追い払う（⑤）
隠《かく》れ家《が》まで尾行（⑥）
最後は武器を置いて、心を静める（⑦、⑧）

敵が攻めてきたぞ！
石になって隠れろ！

1人では照れくさくて運動遊びをやらない子も、みんなと一緒ならやるようになる

4章 目標は「実行機能」を伸ばすこと

「運動が脳を育てる」ことは、さまざまな研究により
明らかになっており、発達が気になる子に対しても
有効なことがわかっています。
なかでも特に育てたい力が、「実行機能」です。

ケース

コミュニケーションがとれるようになった

目を合わすこともできず、コミュニケーションをとることが難しかったCくんですが、運動遊びを始めてから会話ができるまでになりました。

Cくん（小学１年生）

- 自閉症
- 療育プログラム歴：７ヵ月

周囲への関心が低く、無発語。「イヤ」以外の感情を表すこともありませんでした。

1

１歳半健診でコミュニケーションの遅れから自閉症の可能性を指摘されたCくん。
２歳から区で紹介された療育に通い始めました。

2

しかし、思わしい成果は得られません。話しかけても言葉の意味がわからないのか反応がなく、自分からもほとんど話そうとしません。コミュニケーションがとれないのです。

Cくん、お母さんと一緒に遊ぼう！

話しかけても無表情で、アイコンタクトをとろうとしても、目を逸らされてしまう

3

そんなとき、知人をとおして柳沢運動遊び・療育プログラムをおこなっている教室を知りました。お母さんはCくんと一緒に体験。嫌ではなさそうなCくんを見て参加を決めました。

4

教室に通い始めると、徐々にCくんの表情が豊かになってきました。運動をした日は、こちらのいうこともよく聞いてくれます。

5

今ではその日に運動教室でしたことを、自分から身ぶりと手ぶりを交えて報告してくれるようになりました。日常的なコミュニケーションもできるようになり、お手伝いもしてくれます。

これで運動遊びを
終わります、礼！
ありがとうございましたー

教室の先生のまねをして、長い文章をしゃべったときには、お母さんもびっくり

今日は運動教室の
日だよー

運動教室！

運動遊びの日とわかると、嬉しそうに笑って感情を表現するようになりました

保護者の声

**メリハリのある活動で
安心して楽しめる**

動と静のメリハリで次々と遊びが変わっていくのが、楽しいようです。家族や先生にも自分から話しかけたり、いたずらしては反応をうかがうなど、コミュニケーションがとれるようになりました。こんなに変わるとは驚きました。

目標

実行機能とは自分で考えて行動する力

発達障害のある子は、想定外のことにパニックを起こしがちです。これは実行機能が弱いため。運動で脳が育てば、実行機能が高まります。

運動遊びで実行機能が高まる

人がある目標を果たすために、順序立てて課題をクリアしていく力を「実行機能」といいます。

実行機能は「認知機能」とも呼ばれ、なにかを理解したり、判断したりするときに働きます。その中心を担っているのが脳の前頭前野です（↓P97）。

じつは、発達障害の有無や年齢にかかわらず、一〇分程度の軽い運動をおこなえば、この前頭前野の血流が増えることがわかっています。

最近の研究では、前頭前野に血流が増えると実行機能が向上することが明らかになりました（上記囲み）。運動遊びでも同様の効果が期待されています。

実行機能の中心は前頭前野

脳の前方にある前頭葉の中で、最も前方にあるのが前頭前野です。集中したり、物事の判断や認知、その場に合った行動を考えたりするときなどに働きます。

運動後には前頭前野の血流が増える

定型発達の子を対象に、20分間軽い運動をおこなった後、脳の前頭前野で血流が増えて集中力が高まった。

発達障害の子を対象に同様の実験をおこなった際にも、同様の結果が表れた。

血流が増えると実行機能が高まる

上記と別の、大人を対象におこなった実験※。10分程度の軽い運動の後に実行機能テストをおこなうと、運動しない場合に比べて、赤外線画像から前頭前野が活性化していることがわかり、反応速度が0.1秒速くなった。

テストの例

あか	くろ	あか
くろ	あか	あお

上の単語の文字色が、下の単語の意味と一致しているかを答えるテスト。意味に惑わされず、色の正誤のみを判断することができるかを見る。左と中央は一致、右は不一致の例。

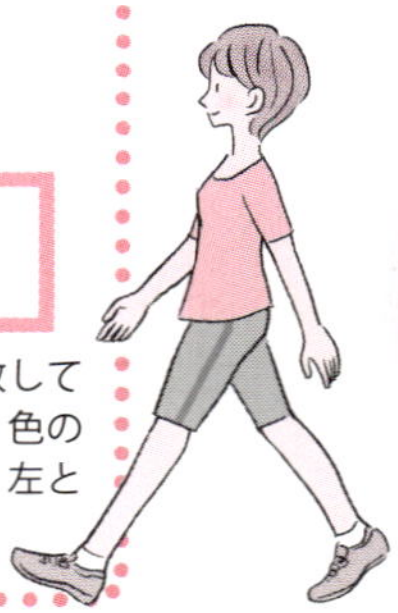

※（邊垌鎬ほか「覚醒と関わる前頭前野の活動を介して実行機能に及ぼす短時間・軽運動の有益な効果：fNIRS を用いた研究」2014.5）

実行機能を支える３つの力

妨害する情報を無視して集中する：
抑制力

外部からの情報をシャットアウトして、注意を維持する力です。意識をコントロールする力（集中力）が十分に身につけば、誘惑をがまんして集中し続けられます。

抑制力が働いていると気になる情報や誘惑をがまんして、勉強にも集中しやすい

必要に応じて情報をコントロールする：
ワーキングメモリー

30 秒程度で忘れる短期的な記憶をもとに、目の前の問題や課題をクリアする仕組みのこと。相手の表情や直前の会話の内容に柔軟に対応できるのはこの能力があるから。

机を脳とすると、状況に応じて机の上に物（情報）を出したり、分類することで、適切な行動ができる

状況に応じて対応する：
認知的柔軟性

ゴールに向かって進む途中で、困難にぶつかっても状況に応じて対処できる力のことです。脳が体へ命令を伝える前段階の、目標を達成する方法を「選択する」能力をさします。

ゴールまでの道のりで予想外のことがあっても、新たな道を探せば最終的には到達できる

全身を動かすから脳がバランスよく発達する

本書の運動遊びでは、聴覚や視覚などの感覚のほか、想像力も働かせて動きます。さまざまな刺激を与えることで、脳が広く活性化します。

運動遊びで活性化する脳

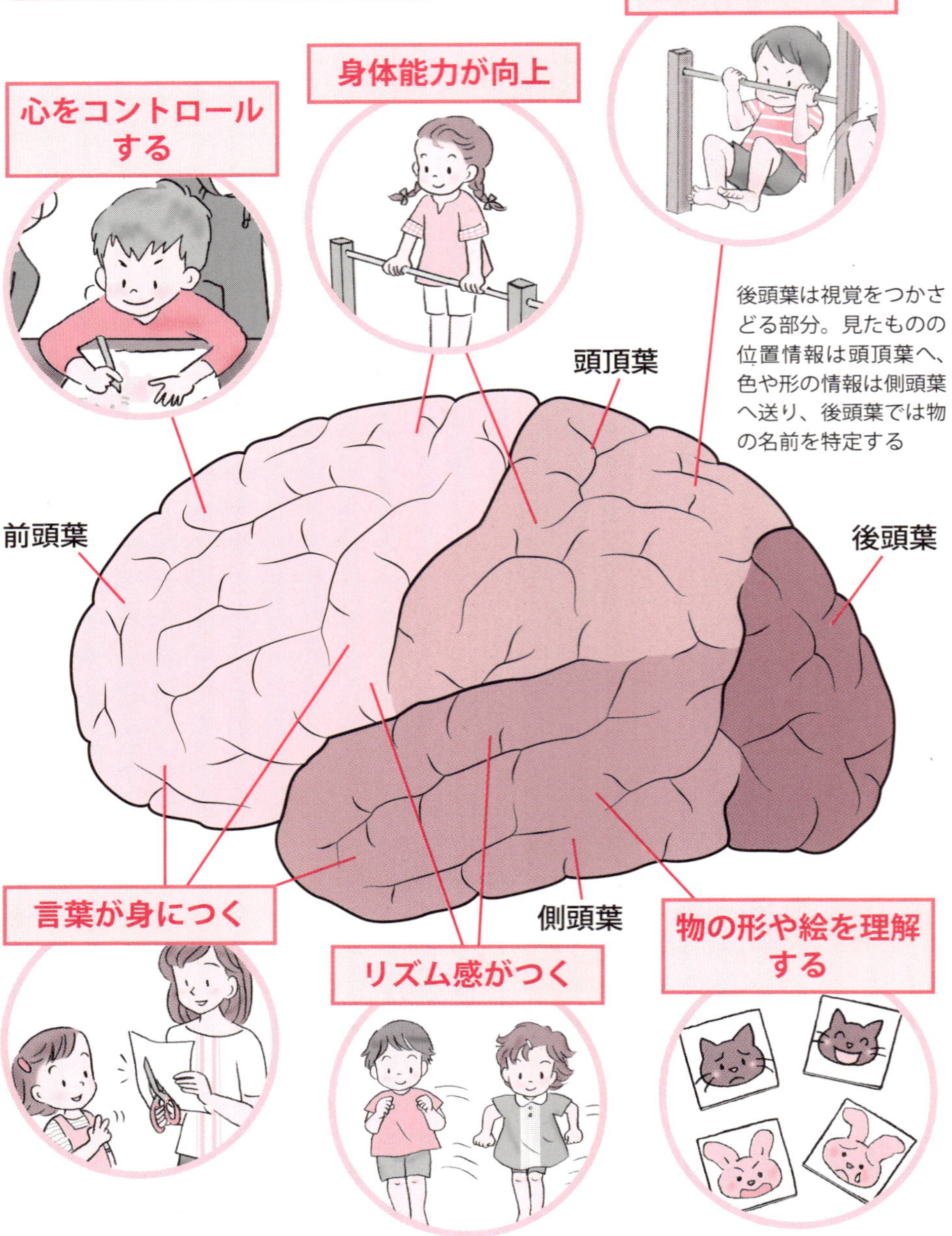
心をコントロールする
身体能力が向上
空間認知力の向上
後頭葉は視覚をつかさどる部分。見たものの位置情報は頭頂葉へ、色や形の情報は側頭葉へ送り、後頭葉では物の名前を特定する
頭頂葉
前頭葉
後頭葉
側頭葉
言葉が身につく
リズム感がつく
物の形や絵を理解する

“楽しく”“一緒に”が脳を育てるコツ

運動遊びと集中力の関係を調べる実験の結果、運動をおこなうと集中力が向上することがわかりました（②、③）。なかでも、複数人で一緒に運動すると最も集中力が高まります。

直径1.8㎝のおはじきを7分間でいくつ紐にとおせるかを測る。運動前と運動後の2回おこなう

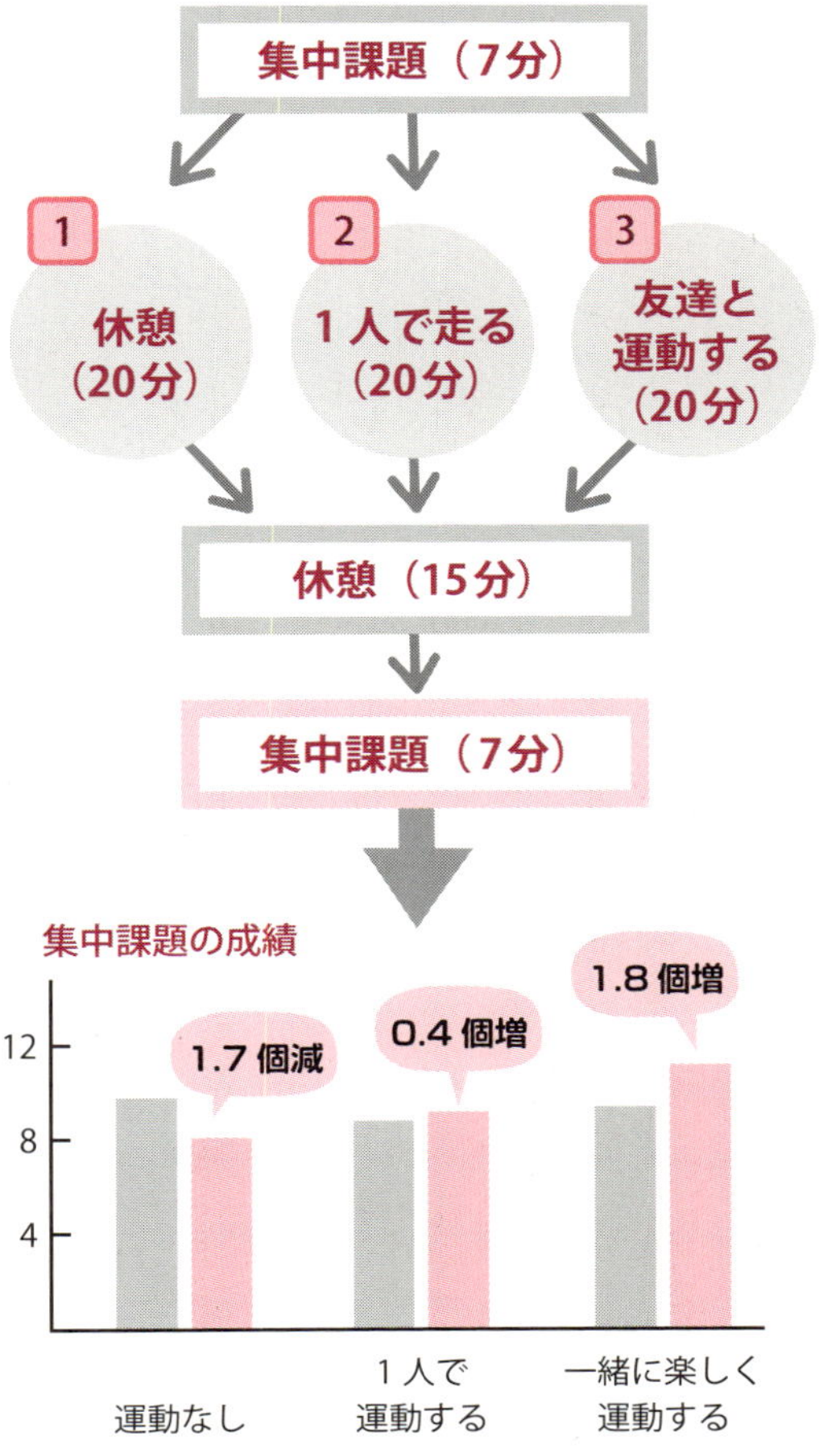

イメージしながら動くと脳は余すところなく働く

イメージしながら体を動かすことが柳沢運動遊び・療育プログラムの特徴です。「カンガルーさんになって跳ぼう」など、想像力を働かせることと、楽しみながら動くことがプラスされています。

動物などを想像するなかで、そこから連想される言葉や知識を新たに覚えるし、行動をまねることで相手の気持ちを考える力が高まります（↓P78）。また、回数を指定する遊びでは、数の概念を理解することにも役立ちます。楽しんで動けば、運動することが好きになる回路ができます（↓P19）。満足感や達成感を得る機会が増えるため、やる気や自信を持ちやすくなるのです。

これらの働きは脳全体にわたります。つまり、脳全体を刺激することになるのです。

ストレスや緊張が脳の発達を止めてしまう

発達障害の子の脳はストレスや緊張でうまく働けない状態に陥ってしまいがちです。この状況が続くと、脳にも体にも悪影響が表れます。

発達障害の子は常にストレスを感じている

すぐに手が出てしまったり、授業中に静かに座っていられないのは、常にストレスを感じていて、脳がうまく働かないためです。

ストレスを感じているときの脳

● **脳の働きが悪くなる**

➡学習能力が下がる
気持ちのコントロールがしづらい
など

認められないことによる不満

思いどおりにならないいらだち

怖いもの、嫌なものに対する恐怖

バカにされた悔しさ

知らない場所や人への不安

ストレスを感じているときの体の異変

● **全身の筋が緊張する**

➡体の動かしにくさ、肩こり、筋線維が傷つくことによる成長の抑制

● **自律神経のバランスが崩れる**

➡自律神経のバランスが崩れる。
心拍数の上昇（正常値：70～100／分※）。
血圧の上昇　など

※子どもの年齢によって異なる

慢性的なストレスは心身のコントロール力を奪う

人はストレスを受けると、「コルチゾール」というホルモン物質が分泌《ぶんぴつ》されます。じつは、発達障害の子は、体内のコルチゾール値が高いことがわかっています。

コルチゾールは神経毒ともいわれ、恒常的に高いレベルにあると、人の記憶をつかさどる海馬《かいば》を萎縮《いしゅく》させることが指摘されています。脳がうまく働くことができないと、学校や園での集団生活やコミュニケーションなどに障害が表れやすくなります。

短期的なストレスなら記憶力が向上することも

ストレスは必ずしも悪いわけではありません。短時間であれば、海馬のニューロンが増え、記憶力がアップしたという報告があります。運動遊びでも適度なストレスを与え脳の成長をうながしましょう。

運動でストレスを軽減させる

定型発達の子どもよりも、ストレスを感じやすい発達障害の子は、成功体験が少ないこともあり、自信ややる気が低下し、それが体に表れがちです。運動でストレスを減らしてあげれば、見た目にも変化が表れます。

体つきがしっかりする

とにかく体を目いっぱい動かすことで、全身が鍛えられ、思いどおりに体を動かす基礎ができる

自信がつく

ほめられたり、成功した体験が増える。自己肯定感が高まり、自然に背筋も伸びて姿勢がよくなる

発達が気になる子は「前頭前野」の働きを高める

実行機能の中心を担う前頭前野は、人間らしい感情や意欲とも深く関係しています。脳の中でも成長が遅いため、積極的に刺激しましょう。

かんしゃくを起こして、すぐ物や人に当たってしまう子もいる

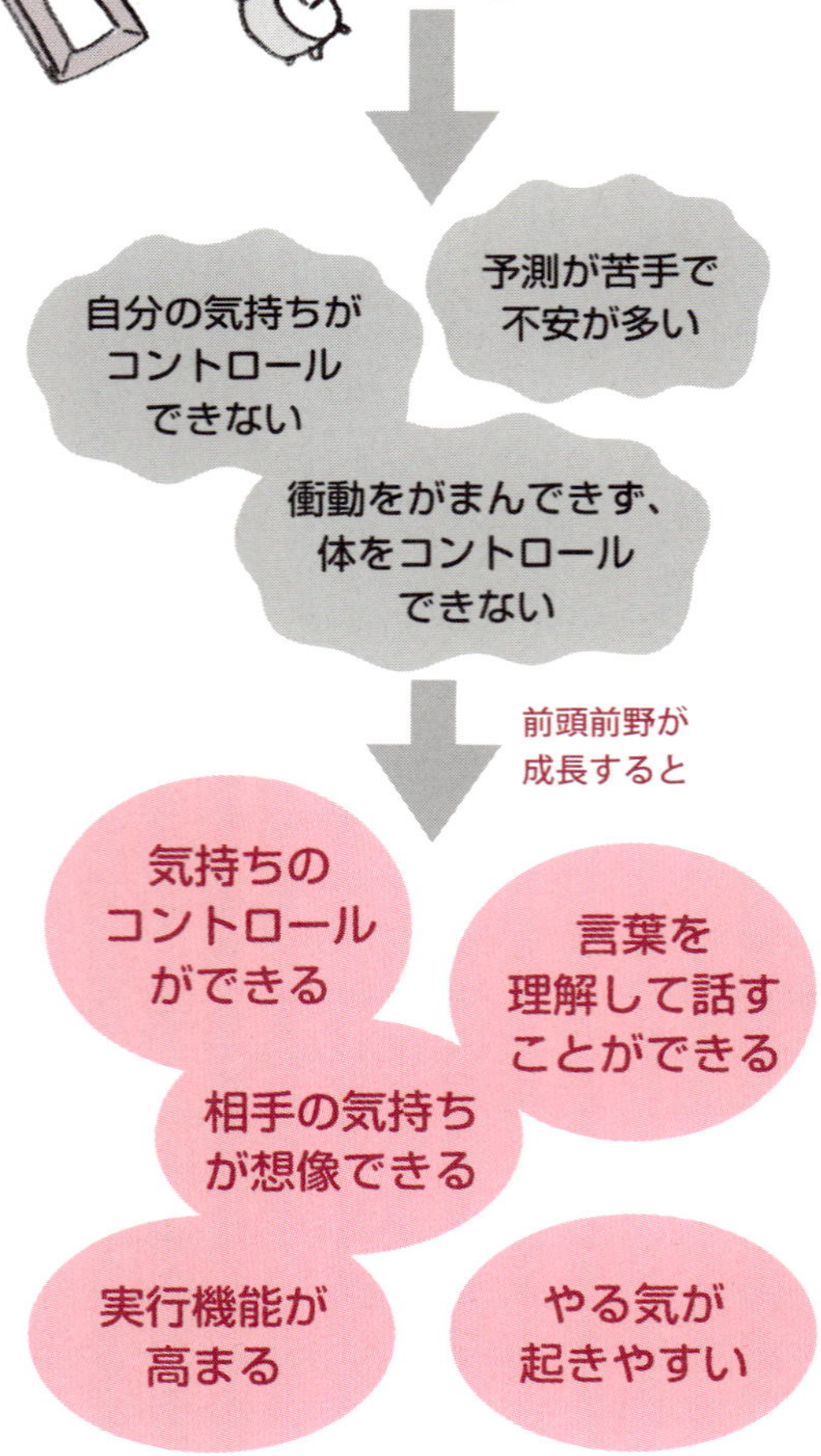
自分の気持ちがコントロールできない
予測が苦手で不安が多い
衝動をがまんできず、体をコントロールできない
前頭前野が成長すると
気持ちのコントロールができる
言葉を理解して話すことができる
相手の気持ちが想像できる
実行機能が高まる
やる気が起きやすい

脳の未熟さが生きにくさの原因

発達障害のある子は、脳の成長にアンバランスがあるため、日常生活で困ったこと（障害）が多いと考えられます。

脳の司令塔が育てば生活の「障害」は軽くなる

発達障害の子どもたちは、脳に発達の未熟な部分があり、定型発達の子どもと脳の活動も異なることが報告されています。そのため、がまんができない、興奮を抑えきれないといった、生活での「生きづらさ」が表れます。

前頭前野（特に背外側部）は脳の中で最も高度で複雑な働きをつかさどり、成長すると、全体の司令塔の役割を果たします。一方、脳の中で最も発達が遅い部分でもあるのです。

発達が気になる子は、定型発達の子よりも成長が遅いだけで、必ず発達します。脳の成長をうながして生きづらさを軽減しましょう。

人間らしい生活を送る源

知性や理性をつかさどる前頭葉の中でも特に、感情ややる気、実行機能の中心を担うのが前頭前野です。物事を順序立てて考えたり、意識をコントロールして集中するときなどに働きます。

前頭葉では頭頂葉や側頭葉などで得た情報をもとに、適切な行動を選択している

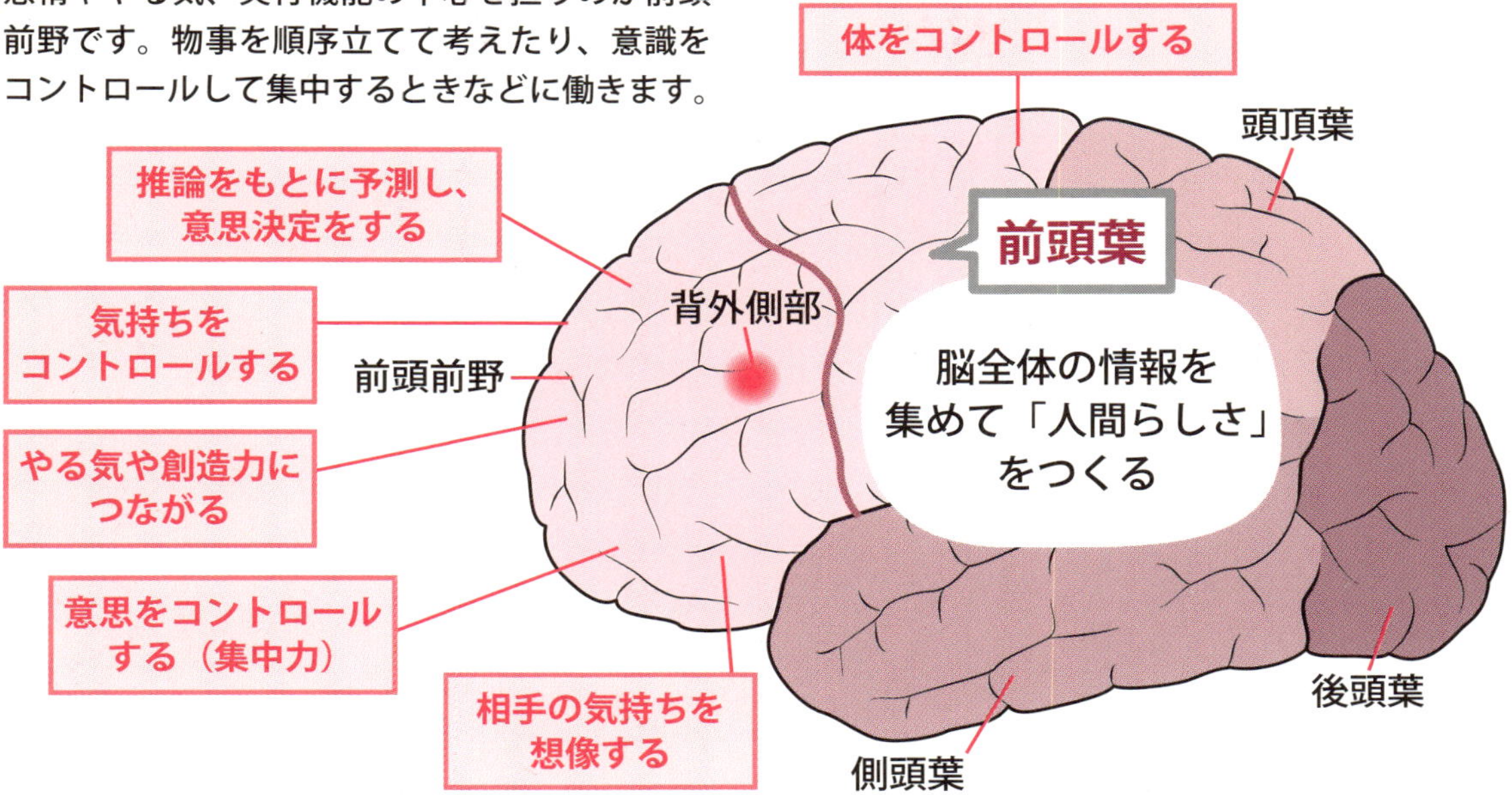
体をコントロールする
頭頂葉
推論をもとに予測し、意思決定をする
前頭葉
背外側部
気持ちをコントロールする
前頭前野
脳全体の情報を集めて「人間らしさ」をつくる
やる気や創造力につながる
意思をコントロールする（集中力）
相手の気持ちを想像する
後頭葉
側頭葉

運動後は
学力も
上がりやすい

ストレスなど脳の働きを妨げるものがなくなり、集中しやすくなる

楽しいときにこそ脳は働く

P93 の実験結果からも、脳の成長には楽しく運動することがいちばん。大人も本気で遊んで、運動中にほめることで、好き好き回路（→ P19）ができ、さらに楽しさが増します。

“楽しい”を大きくするには？

- 年上や年下など年齢、学年の違う友達やきょうだいと一緒に遊ぶ
- 運動遊びのゲーム性を高める

（例）なぞなぞ形式で「○○はいくつある？」「トマトは何色かな？」などの問題を出すのもよい

コラム

生活リズムを整えることが脳の発達には欠かせない

「食事」「睡眠」「運動」で一日のリズムをつくる

発達障害のある子は、睡眠や食事のリズムが崩れやすく、生活サイクルが乱れがちです。

睡眠不足は、眠っている間におこなわれる記憶の定着や疲労の回復を妨げ、栄養不足は脳や体を動かすエネルギー不足を招きます。

大まかでかまわないので、毎日のスケジュールを決め、生活リズムをつくってあげましょう。

昼間に外で運動すると夜は眠くなりやすい

人間の体は朝、太陽の光を感じると目が覚め、暗くなると眠くなります。これは、メラトニンというホルモンが関係しています。

メラトニンは日光を浴びることでつくられます。暗くなると分泌されはじめ、明るくなると減ります。つまり、昼間に屋外で運動するほど、眠りやすくなるのです。

食事の時間を決めておき大豆食品を積極的にとる

食事は毎日同じ時間にとることが、正しい生活リズムをつくるコツのひとつです。食事では、ストレスや不安を解消する効果があるセロトニンの材料となるトリプトファンを含んだ食材がおすすめ。

トリプトファンは納豆などの大豆食品にも含まれているので、積極的に食べましょう。

一日の予定を絵や写真などでイメージさせれば、子どももわかりやすい

■監修者プロフィール

柳澤弘樹（やなぎさわ・ひろき）

1982年、長野県生まれ。国際知的財産研究機構主任研究員。NPO法人運動保育士会理事。こどもプラス株式会社代表取締役。

2010年、筑波大学大学院人間総合科学研究科博士課程修了。専門は運動を通した認知機能の向上と心の発達。父である松本短期大学の柳澤秋孝名誉教授がつくった「柳沢運動プログラム」をもとに、発達障害の子ども向けにアレンジした運動遊びを考案。全国の自治体で講演や支援をおこなっている。

健康ライブラリー

発達障害《はつたつしょうがい》の子《こ》の脳《のう》を育《そだ》てる運動遊《うんどうあそ》び

―柳沢運動《やなぎさわうんどう》プログラムを活用《かつよう》して―

2015年 1 月15日　第 1 刷発行
2018年 7 月26日　第 7 刷発行

監　修	柳澤弘樹（やなぎさわ・ひろき）
発行者	渡瀬昌彦
発行所	株式会社 講談社 東京都文京区音羽 2 丁目-12-21 郵便番号　112-8001 電話番号　編集　03-5395-3560 販売　03-5395-4415 業務　03-5395-3615
印刷所	凸版印刷株式会社
製本所	株式会社若林製本工場

N.D.C.493　98p　21cm

ISBN978-4-06-259692-3

編集協力
オフィス 201
武田央代

カバーデザイン
相京厚史
（next door design）

本文デザイン
南雲デザイン

本文イラスト
あべのぶこ
千田和幸

取材協力
「こどもプラス」のみなさま

■参考文献

川合利幸
『体が硬い人でも無理なく伸びる！　症状別パートナーストレッチ』（主婦の友社）

黒澤礼子
『健康ライブラリー　赤ちゃんから大人まで　気づいて・育てる発達障害の完全ガイド　総合版』（講談社）

寺沢宏次監修
『脳のしくみがわかる本　大脳、小脳の働きから脳の病気の原因まで』（成美堂出版）

宮地元彦
『症状別みんなのストレッチ』（小学館）

柳澤秋孝
『からだ力がつく運動遊び　「できた！」体験が子どもを伸ばす』（主婦の友社）

柳澤秋孝
『子どもの心と頭をきたえる　親子あそび』（新紀元社）